V. 955.
A. 5. f.

6821

PRÉFACE.

L'ABRÉVIATION, la clarté et la sûreté sont les bases de la Nouvelle Méthode, pour la tenue des Livres, que je présente au Commerce.

Ses nombreux avantages me font espérer qu'elle sera reçue avec empressement par ceux qui la liront, sans la prévention qu'on ne peut trouver une meilleure Méthode que celle qui est en usage.

L'accueil que mon Ouvrage a reçu de plusieurs Négocians connus par leurs lumières, m'autorise à me flatter de cet espoir.

Parmi les témoignages favorables qui me sont les plus précieux, je compte sur-tout celui de cette personne distinguée qui a quitté le commerce pour suivre une autre carrière, après avoir déployé tant d'éloquence et de savoir à la présidence du Tribunal de commerce de Lyon. La reconnaissance que je lui dois et que je lui porte, ne me permet pas de taire que les conseils lumineux qu'il a bien voulu me donner, m'ont beaucoup aidé pour le développement et l'explication de ma Méthode.

TABLE.

RECTIFICATIONS.

Page 59 : avant-dernière ligne, 5,000 fr., ôtez fr.

Page 40 : descendez de deux lignes la date 2 *mars* qui est en tête de la colonne à droite, de manière que cette date avec le filet qui est dessous, se trouve vis-à-vis de la seconde somme 5,600, comme dans la page 41, où cette même date se trouve vis-à-vis de la somme 5,400.

NOUVELLE MÉTHODE

POUR

LA TENUE DES LIVRES,

QUI CONSERVE TOUS LES AVANTAGES
DE CELLE A PARTIES DOUBLES,

Et qui a sur elle, ceux d'être plus brève de 1/4 à 3/4, suivant la nature des affaires ; de n'employer que des locutions à la portée de tout le monde, ce qui la rend d'une exécution aussi facile que la Partie simple ; de donner beaucoup plus de certitude sur l'exactitude des Ecritures, et de bien plus grandes facilités pour la confection du Bilan et pour découvrir les erreurs ; de faire connaître, à chaque instant du jour, la position des Affaires, sans avoir recours au Grand Livre.

Par GASPARD DOMENGET.

~~~~~~~~~~~~

A LYON,

De l'imprimerie de BALLANCHE père et fils, aux halles de la Grenette.

1809.

Se trouve A LYON,

Chez BALLANCHE père et fils, aux halles de la Grenette ;

~~ET A PARIS,~~

~~A La librairie classique, chez H. Nicolle et Cie, rue des Bons-Enfans, hôtel de la Rochefoucauld.~~

OBSERVATIONS

PRÉLIMINAIRES.

IL est deux manières de tenir les livres de commerce : à partie simple, et à parties doubles.

La partie simple n'est que la réunion d'une suite de notes, sans rapport ni liaison entr'elles, puisqu'aucun article n'y dépend d'un autre. Elle laisse toujours dans l'incertitude, sur-tout pour les écritures du journal général, parce qu'elle n'offre aucun moyen certain de rappeler ou de faire trouver l'erreur d'un article qu'on y aurait omis, ou qu'on y aurait mal porté. Le meilleur système, dans ce genre, ne présente rien pour y remédier. Par exemple : on est en compte avec Paul et avec Jacques ; Paul mande de tenir compte pour lui, à Jacques, d'une somme : qu'on oublie de débiter ou de créditer l'un ou l'autre, ou qu'on porte, sur les deux comptes, deux sommes différentes, le hasard seul fera découvrir l'erreur ou l'omission. Il en est de même pour l'objet important des payemens ou des recettes qui ont rapport à quelque débiteur ou créditeur ; rien n'en peut prouver mathématiquement l'exacte écriture. Cette manière ne convient donc pas aux négocians qui aiment l'ordre, et qui peuvent craindre des erreurs de caisse volontaires ou involontaires.

La partie double usitée, ne comporte pas des erreurs de cette nature, parce que chaque débiteur a son créditeur *et vice versâ.* Mais, quoique elle soit infiniment supérieure et préférable à la partie simple, elle présente cependant des inconvéniens majeurs.

1.º Ainsi que la partie simple, elle n'offre aucun moyen pour faire découvrir les erreurs que l'on peut faire en portant, au journal général, les écritures des livres auxiliaires. Par exemple : une facture est portée au livre de vente pour 3,100 fr., et au lieu de cette somme, on aura porté au journal général 3,000 fr. ; le hasard seul fera appercevoir cette erreur, car la ponctuation ne peut passer pour une preuve mathématique.

2.° Les termes et les expressions qu'elle emploie rendent sa complication telle, que beaucoup de personnes de bon sens, et depuis long-temps dans les affaires, craignent de l'étudier, malgré les secours qu'ils en pourraient retirer ; et ces termes, ces expressions qui leur sont étrangers, peuvent donner occasion à des associés malhonnêtes, qui les entendent, de s'en servir, pour couvrir et cacher des malversations.

3.° Obligeant à beaucoup d'ouvrage, et cet ouvrage ne pouvant se diviser, le teneur de livres le plus diligent est souvent arriéré, dans une maison qui a beaucoup d'affaires.

La manière qu'on a imaginée, pour aider le teneur de livres, de rapporter directement, au grand livre, les divers livres auxiliaires, est tellement vicieuse, qu'elle ne peut être excusée que par l'impossibilité de pouvoir faire différemment, faute de temps suffisant. Elle ne remplit aucunement le but de la loi, qui exige un journal général, où tous les articles de l'actif et du passif soient portés exactement, jour par jour. Chaque livre auxiliaire faisant ainsi les fonctions de journal, il faut, pour pouvoir en présenter un seul en justice, les faire tous timbrer, ce qui cause une grande dépense. Elle occasionne, presque forcément, beaucoup d'antidates, en faisant les rapports au grand livre. On sait d'ailleurs combien les balances des livres tenus de cette manière, sont pénibles à trouver, combien, en cas d'erreurs (ce qui arrive le plus souvent) il faut de temps pour les chercher.... Mais encore, la balance, faite ainsi, ne prouve pas que tous les articles des journaux sont rapportés au grand livre ; car une somme égale étant oubliée au débit et au crédit, cette balance existerait également.

La méthode que je présente, est un amalgame complet des deux autres ; par la combinaison la plus sûre et la plus heureuse, elle en réunit tous les avantages, et obvie à tous leurs inconvéniens.

1.º Sa clarté et sa simplicité mettant son exécution à la portée de tout homme de sens commun, outre la sécurité contre les erreurs, et la plus grande facilité pour les trouver, elle donne la plus forte garantie contre les malversations ; car, s'il est une manière avec laquelle il est difficile de tromper, ou de se tromper, c'est bien celle-ci, puisqu'elle ne renferme pas un mot, pas une phrase que le négociant le moins instruit puisse ne pas comprendre.

2.º Le travail peut être subdivisé entre cinq à six personnes, sans le moindre inconvénient.

3.º Le journal général, dont la loi exige le timbre, est singulière-rement abrégé, et cependant suffit pour lui obéir.

4.º Sa confrontation avec le grand livre, non seulement ne laisse aucun doute sur la parfaite exactitude des rapports, mais encore rend la recherche de la balance générale extrêmement simplifiée.

5.º Le grand livre pouvant être continuellement à jour, peut tenir lieu de livre de compte courant; et sa forme n'ayant pas besoin d'être aussi spacieuse, c'est un agrément, en même temps qu'une économie.

6.º A chaque instant du jour on peut, par le moyen le plus prompt et le plus simple, connaître l'état de ses affaires, et s'assurer que tous les articles des divers livres sont parfaitement en règle.

Pour démontrer combien elle est plus brève que la partie double usitée, et aussi pour compléter mes instructions sur la rédaction des écritures, j'ai fait précéder mes modèles de livres, d'un tableau comparatif, contenant l'exposition simple des faits qui y sont relatés, et indiquant la manière d'en faire écriture sur les divers livres, et le nombre d'articles à passer au journal général, suivant les deux méthodes. On verra que, par l'ancienne, il en faut 76 au journal général, et le double au grand livre (1); et par celle-ci, seulement 49 au journal général et autant au grand livre.

_____

(*) A quelques légères exceptions près, qui sont regardées comme des licences.

Cette proportion n'est pas toujours la même, elle varie suivant le genre d'affaires; plus on en fait au comptant, plus ma méthode abrége.

On verra que, malgré le petit volume de cet ouvrage, j'ai donné des instructions et des exemples pour le plus grand nombre d'articles qui se rencontrent journellement dans le commerce.

Pour ne pas embarrasser l'exposition de ma méthode, par des explications inutiles à ceux qui connaissent la partie double, j'ai divisé mon ouvrage en deux parties.

La première en est l'exposition et l'explication.

La seconde traite de son application à divers cas qui pourraient embarrasser ceux qui ne connaissent pas la partie double.

NOUVELLE MÉTHODE

POUR

LA TENUE DES LIVRES.

PREMIÈRE PARTIE.

EXPOSITION ET EXPLICATION DE MA MÉTHODE.

Aınsı que la partie double, elle emploie des *comptes généraux* (1) et des *comptes particuliers* (2), mais d'une manière bien différente, et avec bien plus d'utilité et de clarté.

Elle ne crée, pour cela, aucun nouveau rouage, elle ne se sert que de ceux déjà existans dans le plus grand nombre des maisons de commerce, à l'exception du *livre de profits et pertes.*

Dans l'intervalle d'un inventaire à l'autre, ces comptes généraux sont représentés par les livres auxiliaires : pendant ce temps, il n'en est fait nulle mention, ni sur le journal général, ni sur le grand livre ; ce n'est qu'à l'époque des inventaires qu'on y en porte le résumé (comme on le verra ci-après.)

Ces livres auxiliaires tenus à parties simples, en conservant l'utilité dont ils sont avec les autres méthodes, représentent les opérations de chaque commerce en autant de subdivisions qu'on en veut établir.

Je me sers de celle qui est généralement employée.

    Achat et vente de marchandises.

    Entrée et sortie de lettres-de-change.

    Payemens et recettes.

    Profits et pertes.

On remarquera que ces livres allégent singulièrement le journal général, et par suite le grand livre, et que chacun peut être tenu par divers commis, avec tous les détails désirables, sans le moindre danger, tous étant unis par un système de corrélation qui établit une véritable tenue de livres à parties doubles, et qui rend,

---

(1) Voyez à la 2.me Partie, f.o 19, comptes généraux.
(2)   *Idem ,*   f.o 20, comptes particuliers.

sinon les erreurs impossibles, du moins leur découverte sûre et prompte, et leur recherche extrémement facile.

Chargé de bien moins d'écritures, le journal général est aisément et promptement rapporté au grand livre ; et ainsi, celui-ci étant constamment à jour, peut servir de livre de comptes courans.

Au besoin, on peut encore faire tenir ce grand livre et le journal général, par deux personnes ; parce que le journal général indiquant lui-même les profits ou les pertes, sans le secours du grand livre, on en serait quitte pour chercher les erreurs, si l'on trouvait une différence entre leurs résultats.

Pour développer ma méthode ainsi que ses avantages, j'indiquerai :

Dans le 1.er chapitre, l'emploi des divers livres, et la manière d'y passer les écritures dans l'intervalle d'un inventaire à l'autre.

Dans le 2.e, la manière de faire l'inventaire et les écritures à ce sujet.

Dans le 3.e, les moyens de prudence qu'il faut prendre, dans l'intervalle des inventaires, et les secours que ma méthode donne pour cela.

CHAPITRE PREMIER.

Des divers Livres, de leur emploi, et de la manière d'y passer les Écritures dans l'intervalle d'un Inventaire à l'autre.

Ce que je viens de dire a fait sans doute remarquer, qu'outre le journal général et le grand livre, divers livres auxiliaires (1) entrent dans la combinaison de ma méthode.

Du Journal général, ou Livre des Débiteurs et des Créditeurs.

On y place deux colonnes ; la première pour le débit, l'autre pour le crédit ; on y porte seulement (dans l'intervalle des inventaires), sur la première, les sommes que l'on doit, et sur la 2.e, celles qui sont dues, exactement et jour par jour, avec toute la simplicité de la partie simple, en résumé clair et net, et en renvoyant, pour les détails, aux livres auxiliaires. (2)

---

(1) On ne peut accuser ces livres auxiliaires d'augmenter le travail usité, puisque je n'ajoute que celui de profits et pertes à ceux qui sont en usage ; que dans toutes les maisons où ils sont employés (et c'est le plus grand nombre), ils exigent autant d'écritures, et que, pour les maisons qui n'en ont pas, tout ce qu'elles y porteront sera autant de moins dont elles auront à charger le journal général.

(2) Le journal, tel que je l'indique, doit, ce me semble, suffire pour obéir à la loi, puisqu'il contiendra toutes les dettes actives et passives : mais, si l'on veut y ajouter les opérations au comptant, on le peut sans déranger ma méthode ; il ne faut qu'y passer les articles de *caisse* à fur et mesure de payement ou de recette, ce que l'on peut exécuter de deux manières : l'une en ne portant pas les sommes en dehors, ce qui ne changerait rien à mes instructions ; l'autre en considérant ce compte de *caisse* comme *compte particulier*, et en le retranchant des *comptes généraux.*

Du Grand Livre.

On y rapporte les *seuls* articles du journal général, aussi simplement que sur un livre de comptes courans.

On y place une colonne après celle des sommes ; son emploi est indiqué plus loin.

LIVRES AUXILIAIRES.

Du Livre d'Achat, ou Livre du Débit des Marchandises générales.

On y inscrit les factures de toutes les marchandises que l'on achète, et les frais qu'elles occasionnent, comme payement de voiture, de courtage, d'ouvriers, de manutention, etc. etc.

Du Livre de Vente, ou Livre du Crédit des Marchandises générales.

On y inscrit les factures de toutes celles que l'on vend.

Nota. On pourrait faire un seul livre de ces deux, en portant les achats sur les pages de gauche, et les ventes sur celles de droite.

Du Livre de Traites et Remises, soit Lettres et Billets à recevoir.

On y inscrit à l'entrée, soit au débit, les traites que l'on fournit, les billets, même les promesses à échéance fixe qu'on reçoit en payement (non ceux qu'on émet) (1), et tous les autres effets qui entrent ; plus, les frais y relatifs, comme timbre, courtage, etc.

A la sortie, soit au crédit, tous les effets qui sortent.

On porte au débit comme au crédit, les effets valeur nominale, dans les colonnes intérieures, et leur coût ou leur produit, dans les colonnes extérieures.

Nota. On pourrait diviser ce livre en deux, et, comme pour les *marchandises générales*, porter sur un le débit soit l'entrée, et sur l'autre le crédit soit la sortie.

Du Livre de Caisse.

On y inscrit à l'entrée, soit au débit, toutes les sommes que l'on reçoit.

A la sortie, soit au crédit, toutes celles que l'on paye.

Du Livre de Profits et Pertes.

On inscrit au débit, toutes les pertes, comme levées, impositions, loyers, appointemens de commis, agios, etc.

Au crédit, tous les profits.

---

(1) Voyez à la 2.ᵐᵉ partie, f.° 18, lettres et billets à payer.

Il ne faut pas comprendre ici les pertes ou les profits occasionnés par des parties de marchandises ou de lettres de change portées sur les divers livres auxiliaires, puisque la récapitulation ne doit s'en faire qu'à l'inventaire, comme il sera dit ci-après.

Nota. Il faut observer que les escomptes, rabais, et autres pertes et profits qui regardent directement les marchandises générales, peuvent être portés indifféremment, ou sur le livre de profits et pertes, ou sur les livres de marchandises générales.

Pour ce dernier cas, on porte les escomptes et rabais qu'on accorde, au livre d'achat, et ceux qui nous sont accordés, au livre de vente; puisque le premier est le débit, le second le crédit de marchandises générales.

De même pour les articles de cette nature qui peuvent concerner les traites et remises.

Observations communes au Journal général et aux divers Livres auxiliaires.

Les écritures doivent y être passées successivement, jour par jour, sans intervalle entre les divers articles, et avec clarté et simplicité, de manière à être compris en tout par quelle personne que ce soit.

A fur et mesure que chaque page est remplie, il faut en faire l'addition, et en transporter le montant à la suivante.

Si ces additions produisaient des sommes trop fortes, on pourrait les recommencer chaque mois, et à l'inventaire on en ferait la récapitulation générale.

Au résumé, il ne faut, pour se conformer en tout à ma méthode, que porter exactement, sur chacun des livres auxiliaires, les articles qui les concernent; sur le journal général, les sommes que l'on doit et celles qui sont dues; et sur le grand livre, l'extrait du journal général.

Il faut observer avec attention que *toute somme doit être portée en deux endroits différens*, ou sur un livre auxiliaire et le journal, ou sur deux livres auxiliaires, ou deux fois sur le journal (1). Cela établit un contrôleur pour chaque article; et c'est ce qui fait, qu'avec l'apparence d'une partie simple, ma méthode est cependant une partie double très en règle.

Folios de rapport entre les divers Livres.

Pour s'assurer que cette opération a été bien faite, et pour faciliter la recherche des erreurs, au cas qu'il y en ait, il faut noter en marge de chaque livre auxiliaire et du journal général, le folio de celui qui est en rapport pour l'article y correspondant.

---

(1) Voyez à la 2.ᵐᵉ Partie, f.° 2ᵇ, { Comptes particuliers ayant rapport entr'eux pour porter un compte à nouveau.

Par exemple: achetant à terme une partie de marchandises, on indique, sur le livre d'achat, le folio du journal général où le vendeur est crédité, et sur le journal général, le folio du livre d'achat où la facture est inscrite: achetant comptant une partie de marchandises, ou de lettres de change, on indique, sur le livre de caisse, le folio du livre d'achat ou de traites et remises, sur lequel les marchandises ou les effets ont été enregistrés, et sur le livre d'achat ou de traites de remises, le folio du livre de caisse sur lequel le payement est noté, etc etc.

Pour le rapport du journal général avec le grand livre, on place en marge du journal, à chaque article, le folio du grand livre où il est rapporté, et au grand livre, dans la colonne qui précède celle des sommes, le folio du journal d'où il est extrait.

Opérations au comptant.

Il est à remarquer que, par ce moyen, on ne fait aucune écriture au journal, mais seulement sur les divers livres auxiliaires, des opérations au comptant.

Des Opérations à court terme.

Bien plus : ce qui est aussi agréable qu'utile et commode ; si on fait une vente ou un achat de marchandises, si on prend ou si on donne des effets en négociation, ou pour un terme court (qui cependant ne dépasse pas l'époque de l'inventaire), et dont on suppose que la liquidation sera faite sous peu de jours, on peut éviter de porter ces opérations au journal général; on se contente de les inscrire au livre de vente ou d'achat, ou de traites et remises, en y laissant une ou deux lignes en blanc pour y noter le mode du payement; et lorsqu'il a lieu, on marque, sur les deux livres auxiliaires, leurs folios réciproques de rencontre, ce qui indique que c'est un objet liquidé.

Qu'on ne craigne pas que cela puisse laisser subsister la moindre erreur. Ainsi qu'on le verra ci-après, il sera impossible qu'en faisant de cette manière quelque omission momentanée, on ne s'en apperçoive forcément quand on voudra.

CHAPITRE II.

De l'Inventaire et des Écritures à ce sujet.

Il faut commencer par porter, sur le livre de vente, le montant des marchandises en nature, et sur le livre de traites et remises, au crédit, les effets en porte-feuille, le tout suivant la valeur qu'on veut leur donner ; et au débit ou au crédit de ces comptes, ainsi qu'au livre de profits et pertes, les profits ou les pertes qu'ils donnent.

4

Ensuite on additionne tous les livres auxiliaires qui ont fait jusque-là l'emploi de comptes généraux, et qui le deviennent alors, et on en porte le résumé au journal général, en disant simplement :

Doivent. Marchandises générales.
Montant de celles qui existaient au dernier inventaire.
Montant de celles achetées depuis le dernier inventaire.
Plus, montant du profit (s'il y en a).

Avoir. Lesdites.
Montant de celles vendues (*non compris celles restant en nature*).
Plus, montant de la perte (s'il y en a).

Doivent. Traites et remises, soit lettres et billets à recevoir.
Valeur des effets qui existaient au dernier inventaire.
Coût des effets entrés depuis le dernier inventaire.
Plus, montant du profit (s'il y en a).

Avoir. Lesdits.
Produit des effets sortis (*non compris ceux restant en nature*).
Plus, montant de la perte (s'il y en a).

Doit. Caisse.
Montant des espèces existant au dernier inventaire.
Montant des recettes depuis le dernier inventaire.

Avoir. Dite.
Montant des payemens.

Doivent. Profits et pertes.
Montant des pertes depuis le dernier inventaire.

Avoir. Lesdits.
Montant des profits.

Balance du Journal général.

Alors on fait l'addition des deux colonnes du journal général : elles doivent balancer, autrement il y a erreur, ou sur le journal, ou sur quelque livre auxiliaire ; en ce cas il faut pointer le rapport des divers livres entr'eux.

Balance du grand Livre.

Après la balance du journal général, on fait celle du grand livre (1). Pour cela, on porte sur des feuilles séparées, les additions de tous les comptes soldés ou non : le total des débits et des crédits doit non-seulement balancer, mais encore égaler ceux du journal général, autrement il y a erreur ; en ce cas, après s'être assuré que les additions du grand livre sont justes, on est réduit à pointer le journal avec le grand livre.

___

(1) J'observe aux personnes qui n'aimeraient pas la manière que j'indique pour faire la balance, que ma méthode ne s'oppose en rien à ce qu'on la fasse suivant l'ancien usage.

Clôture de l'Inventaire.

L'inventaire étant clos et arrêté, il faut porter à compte nouveau :

Sur le journal général,	Tous les débiteurs et créditeurs, au nombre desquels il faut comprendre le compte de *profits et pertes annuels*, en y rappelant (pour mémoire) les autres comptes généraux. (1)	⎞
Sur le grand livre,	Tous les débiteurs et créditeurs, sauf les comptes généraux qu'il faut balancer, à l'exception de celui de *profits et pertes annuels*.	(2)
Sur le livre d'achat,	Les marchandises	⎞ existant en nature
Sur le livre de caisse,	L'argent	⎠ à l'inventaire.
Sur le livre de t.ᵉ et r.ᵉˢ,	Les effets	

Pour les *profits et pertes*,

Si on est plusieurs associés, que la société ne soit pas à terme, et qu'on soit convenu de n'en faire le partage qu'à la fin de la société, on en porte, à chaque inventaire, le résultat à un compte qu'on intitule *profits et pertes annuels*, lequel compte devient compte particulier, ainsi que celui de *capital*. Dans cette hypothèse, si on est convenu de faire ce partage chaque année, on en porte la quotepart au compte courant d'un chacun. Si on est seul, on en porte le résultat au compte de capital.

Avantages de la Balance du Journal général.

Je dois faire remarquer combien la balance du journal général présente d'avantages; elles donne la preuve mathématique la plus complète, que non seulement le journal général, mais encore les divers livres auxiliaires, sont parfaitement en règle et en rapport entr'eux.

---

(1) On ne peut dissimuler qu'il est bien que la balance d'inventaire ne demeure pas sur des feuilles volantes, et qu'elle soit enregistrée quelque part. De cette manière, elle le sera complètement sur le journal général, et à son lieu et place ; ce qui évitera d'avoir un registre à cet effet.

Si on a ait des motifs pour ne pas porter sur le journal général les détails de cette balance, on pourrait seulement y porter, en deux lignes, le montant total des débiteurs et des créditeurs, et ne point faire mention alors des comptes généraux.

J'offre encore un autre moyen à ceux qui veulent cacher à leurs commis leur position et le résultat de leurs affaires, pour quel objet le livre de profits et pertes sera très-utile : c'est de cacheter les deux feuillets du journal général sur lesquels est inscrit le résultat des comptes généraux, et de porter le rapport de ces comptes généraux et de celui de capital, sur des feuilles séparées qui puissent s'adapter facilement au grand livre.

(2) De cette manière, l'addition des colonnes du débit et du crédit du journal général et du grand livre, produiront toujours une somme égale; ce dont je démontre la grande utilité.

Car, si un article d'un débiteur ou d'un créditeur n'était pas ou était mal porté au journal général, si le caissier avait omis, soit en recette, soit en payement, la moindre bagatelle, en un mot s'il n'y avait pas la plus parfaite harmonie et la plus grande concordance entre tous les articles du journal général, et des divers livres auxiliaires, si même on eût porté une somme dans la colonne du débit, laquelle aurait dû l'être dans celle du crédit, ou *vice versâ;* on ne trouverait plus cette balance.

Avantages de la Balance du grand Livre, suivant ma Méthode.

Je dois aussi faire remarquer quels sont les avantages de faire la balance du grand livre, comme je l'indique.

1.º On s'assure que *tous* les articles du journal général sont bien portés au grand livre; ce que la seule balance, suivant l'ancienne manière, ne prouve pas, puisque deux sommes égales étant oubliées au débit et au crédit, elle existerait également.

2.º On ne peut faire des erreurs dans les soustractions, sans s'en appercevoir au premier coup d'œil; il ne faut que vérifier si les colonnes des totaux et celles des résumés de chaque compte, produisent même résultat; en cas contraire, on repasse rapidement dix à douze lignes à-la-fois, plus ou moins.

3.º On a une bien plus grande facilité pour découvrir les autres erreurs qui se rencontrent si souvent dans ce genre de travail; car, avec la manière usitée, on ne peut savoir si ces erreurs sont, ou dans les soustractions, ou dans le débit, ou dans le crédit, ou dans l'un et dans l'autre; et alors on est réduit à les chercher au hasard. Au lieu qu'avec cette manière, on sait d'abord si elles sont ou au débit, ou au crédit, ou à l'un et à l'autre; et ainsi faisant moins de recherches inutiles, on arrive bien plus promptement à la source.

4.º Le tableau qui résulte de ce travail, offre ensuite l'agrément de présenter en peu de lignes, l'état des affaires généralement, et celles avec chaque personne particulièrement, depuis l'époque dont on cherche le résultat.

Combien ce tableau ne serait-il pas agréable, après une dissolution de société, à celui ou ceux qui ne demeurent pas possesseurs des livres originaux!...

Il est évident que chaque inventaire ou vérification peut être précédé de la ponctuation, quoiqu'avant elle ne soit nullement nécessaire.

CHAPITRE III.

Moyens de prudence qu'il faut prendre dans l'intervalle des Inventaires.

Pour connaître l'état de ses affaires.

Rien n'est plus facile et plus prompt, sous quel rapport que ce soit.

Pour connaître les pertes ou les profits du commerce, il ne faut qu'additionner les deux colonnes du journal général, et ajouter à celle du débit les valeurs en nature comprises dans les comptes généraux : l'excédant du débit est profit, du crédit est perte.

Pour connaître le résultat d'un compte général, il ne faut que faire l'addition du livre ou des livres qui le représentent, et ajouter au crédit les valeurs en nature qui y sont relatives : l'excédant du crédit est profit, du débit est perte.

Pour connaître sa situation envers ses créanciers et ses débiteurs, il ne faut qu'ouvrir le grand livre ou livre de comptes courans; il doit être facilement tenu à jour, et ainsi donner à cet égard toute satisfaction.

Pour vérifier si les Écritures du Journal général sont bien extraites des Livres auxiliaires, et si tous sont bien en ordre.

On ajoute sur une feuille séparée, aux colonnes du débit et du crédit du journal général, les débits et les crédits des livres auxiliaires. Faute de balance, il y a erreur, et en ce cas il faut pointer les divers livres entr'eux.

Le teneur de livres en chef devra faire souvent cette vérification, puisqu'elle ne demandera pas plus de 5 à 10 minutes, à moins qu'il n'y ait des erreurs.

Au cas qu'il y ait, sur quelque livre auxiliaire, des sommes en souffrance, c'est-à-dire quelque achat ou vente à court terme, porté provisoirement sur un seul livre auxiliaire, il devra, pour trouver sa balance, se rappeler de les ajouter au débit ou au crédit.

Pour vérifier si les Écritures du grand Livre sont bien extraites du Journal général.

On en additionne, comme je l'ai dit plus haut, tous les comptes soldés ou non : les débits et les crédits doivent produire même somme que ceux des deux colonnes du journal général, jusqu'à la même époque; autrement il y a erreur; en ce cas, il faut, ainsi que je l'ai dit précédemment, d'abord en repasser les additions, et ensuite pointer les divers articles avec ceux du journal général.

Pour l'ordre, et pour avoir moins de travail aux époques de l'inventaire, il convient de faire ces vérifications de temps en temps.

De la Colonne qui suit celle des sommes, au grand Livre.

Lorsque, pour cela, on fait les additions du grand livre, il faut tirer dans la colonne qui suit celle des sommes, un *trait* au-dessus duquel on indique l'époque de la vérification, en mettant vis-à-vis, dans l'interligne, le montant de l'addition. Voyez le compte de Simon au grand livre ; ce trait (tiré seulement pour exemple) indique qu'à l'époque du 2 mars, le débit de son compte s'élevait à 11,200 fr., et le crédit à 14,114 fr. 10 c.

Lors de la seconde vérification, d'abord la date, ensuite le folio du journal, mais sur-tout ce trait, indiquent où il faut commencer les additions, dans lesquelles il faut toujours comprendre celles de la première vérification, et ainsi de suite pour les autres subséquentes.

Placement des Traits et Additions au grand Livre.

Pour n'avoir pas d'embarras dans ces additions, il faut avoir soin d'observer les instructions qui suivent ; elles sont minutieuses, mais essentielles.

Quand on balance un compte avant l'inventaire, il faut porter les additions dans les interlignes, et faire un trait seulement dans la colonne qui précède celle des sommes.

Quand on transporte un compte d'un feuillet à un autre, ou d'un grand livre à un autre grand livre, on fait les additions et les traits de clôture, dans la colonne des sommes, et le nouveau compte commence par le montant de ces additions, qui doivent comprendre toutes les sommes tant du débit que du crédit, même celles qui auraient formé précédemment balance : bien entendu, depuis le dernier inventaire.

Quand on balance les comptes à l'inventaire, on fait les traits de clôture, dans la colonne des sommes, et l'addition en dedans, ou dessous les traits, à volonté.

DEUXIÈME PARTIE.

Application de ma Méthode à divers cas.

Il faudra se rappeler que j'entends par

Débiter marchandises générales, Inscrire une facture ou une somme au livre d'achat.
Créditer *idem*. . . . . . . *Idem* au livre de vente.

Débiter caisse . . . . Porter une recette. . . . .} au livre
Créditer *idem* . . . . . . *Idem* un payement . . . .} de caisse.

Débiter traites et remises . . Porter des effets ou une somme à l'entrée } du livre de
Créditer *idem* . . . . . . *Idem* à la sortie . . . .} t.ᵉˢ et r.ˢᵉˢ

Débiter profits et pertes. . . Inscrire une perte . . . .} au livre
Créditer *idem* . . . . *Idem* un profit. . . . .} de P. et P.

Débiter ou créditer un compte particulier, c'est toujours au journal général.

Des Comptes généraux.

J'appelle ainsi, avec ma méthode, ceux qui représentent une partie des opérations du commerce, dont chaque article est porté successivement sur un livre auxiliaire, et dont le résumé est porté sur le journal général, à l'époque de l'inventaire ; comme je l'ai indiqué à la première partie. Par exemple :

Les Livres d'achat et de vente sont : Le Compte général de marchandises générales.
Le Livre de caisse . . . . . Le Compte général de caisse.
Le Livre de traites et remises , Le Compte général de traites et remises.
Le Livre de profits et pertes. . Le Compte général de profits et pertes.

Je n'ai d'abord fait mention que de ces quatre comptes, afin de commencer mes explications plus simplement ; il faut cependant observer qu'on peut en retrancher ou y en ajouter.

Par exemple : un banquier qui ne ferait rien en marchandises, n'aurait nul besoin du livre d'achat et de vente, soit du compte de marchandises générales.

Un marchand par les mains de qui il passerait peu ou point de lettres de change , pourrait se passer du livre de traites et remises et du compte général du même nom. Recevant un effet en payement, il en créditerait le donneur à l'encaissement, en débitant caisse. Achetant un effet pour le remettre à un créancier, il en débiterait ce dernier, en créditant caisse. Prenant, recevant ou envoyant ces effets avec un profit ou une perte pour son compte, il la noterait sur le livre de profits et pertes.

Une maison qui ferait le commerce d'assurances, une autre qui ferait celui de chargement et roulage ; ceux qui voudraient avoir des comptes, pour les frais de fabrique, pour les dépenses générales, pour les agios, pour les commissions, etc. etc. pourraient avoir des livres auxiliaires relatifs à chacun de ces objets. Ils y porteraient successivement, sur chacun d'eux, au débit ou au crédit, les payemens ou les recettes qu'ils feraient à cet égard, et à l'inventaire ils en porteraient le résumé au journal général et la différence au livre de profits et pertes, comme pour les comptes de marchandises générales, ou de traites et remises.

Des Comptes particuliers.

J'appelle ainsi, généralement, tous les comptes que l'on ouvre sur le grand livre, dans l'intervalle des inventaires.

Outre les comptes des *individus* débiteurs et créditeurs, on peut cependant y en porter d'autres représentant une opération quelconque, ou un intérêt sur une opération : ceux qui suivent sont de cette classe.

Du Compte de Capital.

On le crédite des sommes que chaque associé doit fournir, en débitant les associés, de leur quote-part, dans leur compte courant ; et à fur et mesure de versement de fonds, on les en crédite en débitant ce qui y est en rapport.

Des Lettres et Billets à payer.

On porte à ce compte :

1.º Les billets que l'on émet (et non au compte de traites et remises, soit lettres et billets à recevoir), parce que, d'abord, ces effets sortiraient avant d'entrer, ce qui n'est point dans l'ordre ; ensuite ils doivent être considérés, non-seulement comme faisant partie des comptes particuliers, mais encore de ceux individuels, puisqu'ils prennent la place des personnes à qui l'on doit. Ainsi, achetant une partie de marchandises contre billets, on inscrit l'achat au livre d'achat, et on crédite, sur le journal général, le compte de lettres et billets à payer de la même somme. Lors du payement, on le porte sur le livre de caisse, et on en débite, sur le journal, le compte de lettres et billets à payer.

2.º Les traites qu'on a acceptées ou qu'on veut accepter, et dont on débite le tireur. Par exemple, Paul, mon correspondant, a fourni sur moi sa traite de 1000 fr. que j'ai acceptée ou que j'accepterai ; je le débite, et crédite lettres et billets à payer, sur le journal général, en disant :

Doit Paul . . . . 1000 . . . . »   »
Avoir lettres et billets à payer. . . . . »   1000
Traite dudit sur moi, ordre de   . . au . . . . .

Je n'indique point ce dernier article comme étant de rigueur ; car l'on peut souvent attendre l'échéance d'une traite pour en débiter le tireur ; alors il n'en est point fait mention dans ce compte de lettres et billets à payer.

3.° On peut porter à ce compte les promesses que l'on fait, payables à échéance fixe, quoique non à ordre.

Des Comptes à demi en Marchandises.

On peut ouvrir un compte particulier à ces opérations, ou les comprendre dans l'ensemble du compte général de marchandises.

Lorsqu'on leur ouvre un Compte particulier.

Si on fait l'achat, d'abord on débite marchandises générales du montant de l'achat, en en créditant le vendeur.

Ensuite on porte au livre de vente la facture avec tous les frais, telle qu'on l'envoie au co-associé ; et on débite celui-ci ainsi que la demie d'intérêt, qu'on intitule *marchandises en compte à demi avec un tel*, chacun de la demie de la facture avec les frais.

Si le co-associé fait l'achat : On le crédite de la demie de la facture qu'il envoie, et on en débite *le compte à demi*.

Pour ne pas porter le détail de cette facture au journal général, on peut l'inscrire au livre d'achat, mais il ne faut pas y en porter le montant en dehors.

Si on fait la vente : D'abord on en crédite marchandises générales, et on en débite l'acheteur.

Ensuite on porte sur le livre de vente, le compte de vente qu'on remet au co-associé, déduction faite des frais ; et on crédite ce co-associé, et le *compte à demi*, chacun de la demie du net produit.

Si le co-associé fait la vente : On le débite de la demie du compte de vente qu'il envoie, et on en crédite le *compte à demi*.

Pour ne pas porter le détail de ce compte de vente au journal général, on peut l'inscrire au livre de vente, mais il ne faut pas y en porter le montant en dehors.

Après la liquidation de ces comptes, on les balance, et on en porte le résultat au livre de profits et pertes.

Nota. Cette manière de faire écriture de ces opérations, est celle qui est le plus en usage ; c'est la seule raison pour laquelle je l'ai employée dans le compte à demi que j'ai mis dans mes exemples ; car je préfère la manière que je vais indiquer, parce qu'elle est beaucoup plus simple.

6

Lorsqu'on n'ouvre pas de Compte particulier à ces opérations.

Si on fait l'achat : D'abord on débite marchandises générales du montant de l'achat, et on en crédite le vendeur.

Ensuite on porte au livre de vente la facture avec tous les frais, telle qu'on l'envoie au co-associé, mais en en portant en dehors seulement la demie, et on débite celui-ci de cette demie.

Si le co-associé fait l'achat : On inscrit sur le livre d'achat la facture qu'il remet, en en portant, en dehors, seulement la demie, et on le crédite de cette demie.

Si on fait la vente : D'abord on crédite marchandises générales, en en débitant l'acheteur ; ensuite on porte au livre d'achat le compte de vente, tel qu'on l'envoie, déduction faite des frais, en en portant en dehors, seulement la demie, et on crédite le co-associé de cette demie.

Si le co-associé fait la vente : On inscrit sur le livre de vente le compte qu'il remet, en en portant, en dehors, seulement la demie, et on le débite de cette demie.

Des Marchandises qu'on envoie à vendre pour son compte.

On peut aussi ouvrir des comptes particuliers à ces opérations, ou ne pas le faire.

Quand on leur ouvre un compte particulier,

On porte sur le livre de vente le montant de la facture d'envoi, et on en débite le compte qu'on intitule : *Marchandises pour notre compte chez un tel.* Lors de la vente, on débite le correspondant du montant de son compte de vente, et on en crédite *marchandises pour notre compte.*

Pour ne pas porter le détail de ce compte de vente au journal général, on peut l'inscrire au livre de vente, mais sans en porter le montant en dehors.

Quand ces comptes sont liquidés, on en porte le résultat sur le livre de profits et pertes.

Quand on n'ouvre pas de compte particulier à ces opérations,

Il n'y a qu'à débiter le correspondant, lorsqu'il remet son compte de vente, et à en créditer marchandises générales.

Cette dernière manière infiniment plus simple, est celle que je préfère et que j'ai employée dans mes exemples.

Des Marchandises qu'on reçoit à vendre pour compte.

On débite le compte qu'on intitule, *marchandises pour compte d'un tel*, des frais et débours qu'elles occasionnent.

Les avances que l'on fait au correspondant sur ses marchandises, se portent au débit de son compte courant.

Lors de la vente, on en crédite *marchandises pour compte*, en en débitant l'acheteur. Ensuite, remettant le compte de vente, on débite ce compte des menus frais et de la commission, en en créditant profits et pertes; et le solde revenant au correspondant, est porté au débit de ce compte et au crédit du correspondant.

On peut aussi porter les frais occasionnés par ces marchandises, au débit du compte courant du commettant, ou au débit de marchandises générales; en ce cas on en prend note, pour les porter sur le compte de vente lorsqu'on le remet.

Alors ce compte devient inutile, et c'est ainsi que je préférerai.

Des Actions ou Intérêts sur une opération quelconque.

On débite ces comptes des valeurs qu'on y emploie, en les désignant par leur nom, comme action sur tel corsaire, sur tel navire, sur tel pont, etc. etc. On les crédite du produit, et lorsqu'on les liquide, on les balance, et on en porte le résultat au livre de profits et pertes.

Des Comptes particuliers ayant rapport entr'eux.

Quand il se trouve deux comptes particuliers ayant un rapport direct entr'eux, et aucun avec les livres auxiliaires, il ne faut en faire nulle mention ailleurs que sur le journal général. Par exemple, on est en compte avec Paul et avec Jacques ; Paul mande de tenir compte pour lui à Jacques, de 200 fr.

On en fait écriture comme il suit, au journal général :

Doit Paul. . . . . 200 fr.

Avoir Jacques . . . . 200 fr.

Que ce premier me mande de bonifier pour son compte à ce dernier.

Pour porter un Compte à nouveau.

Il en est de même lorsqu'on porte un compte à nouveau.

Par exemple : Le crédit du compte de Paul est de . . . . . 3,000 fr.

Le débit de 2,000

Il est clair qu'il lui est dû. . . . . 1,000 fr.

Pour porter à nouveau ce solde, on dit au journal général :

Doit Paul, (compte vieux) . . . . 1000 fr.

Avoir Paul, (compte nouveau). . . . . » 1,000

Dont il est créditeur à nouveau, valeur au . . . .

Au cas contraire :

Le débit du compte de Jacques est de 3,000

Le crédit de 2,000

Il est clair qu'il doit . . . . 1,000 fr.

Pour porter à nouveau ce solde, on dit au journal général :

Avoir Jacques (compte vieux) . . . . ▪ ▪ 1000

Doit Jacques (compte nouveau). 1000

Dont il est débiteur à nouveau, valeur au . . . . .

Des Comptes intitulés :
Un tel son compte (chez moi).
Un tel mon compte (chez lui).

On établit ces comptes, non-seulement avec les correspondans de pays étrangers, mais avec ceux du même pays ; parce que, avoir de l'argent, par exemple, à Paris ou à Marseille, ce sont deux choses bien différentes, puisque, par les variations du change, on peut perdre ou gagner en faisant traite ou remise. C'est pourquoi lorsque deux maisons sont en relation et font mutuellement, l'une pour le compte de l'autre, des payemens et des recettes, chacune doit porter dans le compte intitulé, *un tel mon compte (chez lui)*, tout ce qu'elle fait faire pour son compte ; et dans celui intitulé, *un tel son compte (chez moi)*, tout ce qu'elle fait pour le compte du correspondant.

Lorsque c'est deux maisons de pays différens, par exemple, d'Amsterdam et de Paris, chacune doit établir à son grand livre, deux colonnes au compte intitulé, *tel mon compte (chez lui)* : dans la première, elles portent les sommes en monnaie du correspondant ; et dans la seconde, en dehors, les sommes en monnaie du pays, à leur valeur relative.

On observera aisément que lorsqu'on règle ce compte, ce sont seulement les sommes de la première colonne dont il doit être question, puisque ce sont seulement celles dont on est débiteur ou créditeur.

Si les sommes des premières colonnes formaient balance, et non pas celles des secondes, ce qui arrive souvent, à cause des variations du change, il faut en porter la différence au livre de profits et pertes.

Des Comptes à demi en Banque.

On intitule ces comptes, *un tel compte à demi en banque.*

Que ce soit avec un correspondant d'un pays étranger ou du même pays, on établit au grand livre deux colonnes.

On porte dans la 1.re :
Au débit, toutes les sommes que reçoit le correspondant
A:i crédit, toutes celles qu'il paye . . . .
en sa monnaie.

Dans la seconde :
Au débit, celles que l'on paye . . . .
Au crédit, celles que l'on reçoit. . . . .
en monnaie de chez soi.

Par exemple, Paul de Paris, et Jacques de Marseille, font un compte à demi. Paul de Paris achète un effet sur Bordeaux, de 2000 fr. à 1 p. % de perte : 1980 fr. Il remet cet effet à Jacques de Marseille, qui le négocie à 1 p. % de profit : 2020 fr.

Paul faisant écriture de cet objet au journal général, n'y porte d'abord, au débit *du compte à demi*, que le coût de l'effet, en dehors, pour être porté dans la même colonne au grand livre, ci . . . . 1980 fr.

Et quand il a reçu avis de la négociation, il ajoute au même article, en dedans du journal, pour être aussi porté dans la colonne intérieure du grand livre, le produit 2020

Jacques faisant ses écritures, porte au crédit de ce compte, dans l'intérieur du journal et du grand livre 1980

Et dans les colonnes extérieures 2020

Pour régler ces comptes, d'abord on en calcule les intérêts de chaque colonne réciproquement.

Ceux des colonnes intérieures sont portés ou au débit ou au crédit, sans être relatés dans celles extérieures.

Ceux des colonnes extérieures y sont portés, en en débitant ou en en créditant profits et pertes, sans être relatés dans celles intérieures.

Ensuite on fait la balance des colonnes intérieures, et on porte le solde de cette balance au cours du change convenu, dans la colonne extérieure, en en débitant ou en en créditant le nouveau compte du co-associé.

Alors la différence qui est entre les débits et les crédits des colonnes extérieures, est profit ou perte.

On en porte une demie sur le livre de profits et pertes, et l'autre demie au nouveau compte du co-associé.

Des Débiteurs mauvais.

Lorsqu'à l'époque de l'inventaire on s'apperçoit qu'on a quelques débiteurs douteux ou mauvais, et lorsqu'on veut déduire de l'actif, la perte qu'on craint qu'ils fassent essuyer, on peut en faire écriture, en laissant subsister, au débit de leur compte, le montant de ce qu'ils doivent réellement. Pour cela, on porte au livre de profits et pertes, la perte supposée, et on crédite au journal général, le compte de *débiteurs mauvais*, de cette perte.

Si cette perte a lieu, on crédite le débiteur, en débitant le compte de *débiteurs mauvais*.

Si elle n'a pas lieu, on contrepasse la perte au livre de profits et pertes et au compte de débiteurs mauvais.

ABRÉVIATIONS employées dans cet Ouvrage.

B.	Balle.
B.ᵉ B.ᵠᵘᵉ.	Barique.
c.ᵗ	courant.
c.ᵗᵉ	compte.
c.ᵗᵉ à 1/2.	compte à demi.
c/v.ˣ	compte vieux.
c/n.ᵃᵘ.	compte nouveau.
s/c	son compte.
m/c	mon compte.
c. à d.	c'est-à-dire.
f.º	folio.

L. et B. à P.. .	lettres et billets à payer.
M.ᵉˢ g.ˢˡ.	marchandises générales.
N.º	numéro.
o/	ordre.
id.	*idem.*
p.ʳ	pour.
p.ʳ º/o	pour cent.
P. et P.	profits et pertes.
par ex.	par exemple.
R.ˢᵉ	remise.
T.ˢ et R.ˢ . . .	traites et remises.
v.ᵉᵘʳ	valeur.

ABRÉVIATIONS employées au Tableau de Comparaison et devant les Folios de rencontre.

A	Livre d'Achat.
V	Livre de Vente.
TR	Livre de Traites et Remises.
C	Livre de Caisse.
PP	Livre de Profits et Pertes.

Nota. L'emploi des colonnes des divers Livres est expliqué seulement sur la première page d'un chacun, pour ne pas faire des répétitions inutiles.

TABLEAU COMPARATIF DE LA PARTIE DOUBLE ET DE MA MÉTHODE.

SIMPLE EXPOSITION DES FAITS.	NOMBRE d'Articles à passer au Journal.	SUIVANT LA PARTIE DOUBLE.	NOMBRE d'Articles au Journal.	SUIVANT MA MÉTHODE.
		ÉCRITURES A FAIRE		

SIMPLE EXPOSITION DES FAITS.	Nbre	SUIVANT LA PARTIE DOUBLE.	Nbre	SUIVANT MA MÉTHODE.
		Du 1.er Janvier.		
J'apporte dans mon commerce, fr. c.	5	Divers à capital. fr. c.	A	Apporté dans mon commerce 10,000
Ce qui forme mon capital...		March.es générales, 10,000	TR	idem............ 10,000
En marchandises........ 10,000		Traites et Remises, 10,000	C	idem............ 10,000
En lettres de change..... 10,000		Caisse........ 10,000	1	J Avoir capital........ 5o,000
En espèces............ 10,000		3o,000		
		2 idem.		
Vendu à Charles à 2 mois,	1	Charles à M.es g.es	V	Vendu à Charles..... 3,864
4 B.ques café........ 3.864		4 B.ques café..... 3,854	1	J Doit Charles........ 3,864
		4 idem.		
Vendu à Louis, au comptant,	1	Caisse à M.es g.es	V	Vendu à Louis..... 6,336
6 B.ques café........ 6,336		p.r vente à Louis de 4 B.ques café, 6,336	C	Reçu de Louis..... 6,336
		5 idem.		
Acheté de Paul, à 2 mois,	1	M.es g.es à Paul,	A	Acheté de Paul..... 5,478
10 Balles coton....... 5,478		qu'il m'a vendu, 10 B. coton, 5,478	1	J Avoir Paul........ 5,478
		6 idem.		
Vendu à Benoît	1	Benoît à M.es g.es	V	Vendu à Benoît..... 5,660 60
10 Balles coton....... 5,660 60		p.r vente de 10 B. coton. 5,660 60	C	Reçu de Benoît..... 2,830 3o
Reçu à compte..... 2,830 3o	1	Caisse à Benoît.	1	J Doit Benoît....... 2,830 3o
Reste à payer à 2 mois..... 2,830 3o		Reçu à compte..... 2,830 3o		
		6 idem.		
Acheté de Jacques, au comptant,	1	M.es g.es à Caisse.	A	Acheté de Jacques..... 8,376
7 B.ques sucre........ 8,376		Acheté de Jacques, 7 B.t sucre, 8,376	C	Payé à Jacques..... 8,376
		10 idem.		
Acheté de Pierre, contre mon billet au 10 mars,	1	M.es g.es à L. et B. à P.	A	Acheté de Pierre..... 7 092
6 B.ques sucre....... 7,092		mon billet ordre Pierre... 7,092	1	J Avoir L. et B. à payer... 7,092
		14 idem.		
Acheté de Joseph,	1	M.es g.es à Joseph.. 14,357 20	A	Acheté de Joseph..... 14,357 20
10 B.t café....... 14,357 20	1	Joseph à Caisse. 7,178 6o	C	Payé à Joseph..... 7,178 6o
Payé, 1/2 comptant..... 7,178 60	1	Joseph à L. et B. à P. 7,178 6o	1	J Avoir L. et B. à payer... 7,178 6o
1/2 en mon billet, à 2 mois, 7,178 6o				
		14 idem.		
Vendu à Christophe,	1	T.es et R.ses à M.es g.es	V	Vendu à Christophe... 13,662 10
10 B.t café....... 15,662 10		pour vente à Christophe... 15,662 10	TR	Reçu de Christophe... 15,662 10
contre son billet au 14 mars.				
		15 idem.		
Acheté de Grégoire	1	M.es g.es à Simon de Paris.	A	Acheté de Grégoire... 8,714 10
contre ma traite, sur Simon de Paris,		ma traite ordre Grégoire.. 8,714 10	1	J Avoir Simon........ 8,714 1o
10 Balles coton..... 8,714 10			TR	Ma traite sur Simon... 8,714 10
			TR	Remis à Grégoire..... 8,714 1o
		15 idem.		
Acheté de Paul, v.er comptant,	1	M.es g.es à Caisse.	A	Acheté de Paul....... 5,8o5
pour compte de Jean de Rouen,		Achat à Paul de 10 B. coton, 5,805	C	Payé à Paul....... 5,8 5
10 Balles coton. 5,8o5	1	Jean de Rouen à M.es g.es	V	Expédié à Jean..... 5,98t 3o
Fourni facture à Jean de Rouen,		Ma facture à 10 B. coton... 5,981 5o	1	J Doit Jean....... 5,981 3o
de cet envoi, s'élevant avec les frais, à..... 5,981 5o	1	T.es et R.es à Jean.	TR	Ma traite p.r c.te de Jean, 5,488
Fait traite pour son compte sur		Ma traite p.r s/c de 5,6oo. 5,488	1	J Avoir Jean........ 5,488
Paris, de 5,6oo, à 2 °/o.. 5,488	1	Simon à T.es et R.es	TR	Remis à Simon..... 5,600
Remis cet effet à Simon... 5,600		A lui remis....... 5,600	1	J Doit Simon..... 5,600
	19		1o	

Outre ces écritures qui ne sont qu'en abrégé, il faudrait encore faire sur les livres d'achat, de vente, de traites et remises, et de caisse, celles que j'indique à y faire pour ma méthode, ou les supprimant, augmenter d'autant celles du Journal général; ainsi, ce que ma méthode abrège d'un côté, elle ne l'augmente pas de l'autre.	Je n'ai mis dans cette colonne, que le préambule des articles; en consultant les dates, on verra aisément le reste sur les divers livres indiqués par les lettres initiales qui sont en marge.

TABLEAU comparatif de la Partie double et de ma Méthode.

Montant d'autre part	19	10

Colonne 1

Montant d'autre part . . . .

ouis de Marseille, a acheté   fr. c.
p.r mon compte, 10 B. coton,
s'élevant avec les frais, à . .   5,575 18
Il a fourni, pour mon compte,
sur Simon de Paris, à 2 mois,
5,400, à 2 °/o de perte. . . .   5,292

endu à Auguste,
15 B.ques sucre.   17,268
eçu comptant.   8,634
u ses billets au 28 mars . . .   8,634

égocié à Auguste, au comptant, 4,000 fr. au 15 c.t sur
Paris, au pair.   4,000

ean de Rouen, me remet p.r
m/c M. L. 5,000 fin c.t sur
Hambourg, à 185, ci. . . .   9,250
e remets cet effet à Abraham
d'Amsterdam, p. m/c.
le négocie à 55. fl. 4125.

laude de Bordeaux, a acheté
p.r un compte à 1/2 avec moi,
1200 bûches bois Campêche,
s'élevant avec les frais 8,577 58

rété à François de cette ville,
contre sa promesse à 5 mois, 15,000
Agio, à 2 °/o   500

ayé à Baron de cette ville,
pour une action sur le corsaire
le Brave   2,000

eçu de Frédéric, c.te à 1/2 en
banq., un effet que j'ai encaissé, 6,000
lui coûtant valeur 50 janvier,   5,940

emis à Frédéric c.te à 1/2,
un effet du porte-feuille 6,000
au 15 c.t sur Paris, au pair,   6,000

ayé à Baron, pour un effet
de 4,000 f. au 50 mars sur Paris,
à 1 °/o   5,960

ayé pour voiture de march.es
et pour frais de porte-faix . .   100

ai payé les traites de Claude
de Bordeaux, sur moi.
Pour son compte   5,000
Pour mon compte, celle de .   4,000
qu'il a négociée à 1 °/o. . . .   5,960

58

Colonne 2

— 15 *Janvier.* —
1 M.es g.es à Louis de Marseille.   fr. c.
Son achat pour mon c.te . .   5,575 18
Divers à Simon de Paris.
1 Louis de Marseille.
Sa traite pour mon compte,
de 5,400, à 2 p. °/o, 5,292
1 P. et P. perte à   }
Cette traite . . . . . 108 }   5,400

— 15 *idem.* —
1 Auguste   à M.es g.es 17,268
1 Caisse   à Auguste,   8,634
1 T.es et R.es   à Auguste,   8,634

— 2 *Février.* —
1 T.es et R.es   à Caisse.
Produit de cette négociation, 4,000

— 4 *idem.* —
1 T.es et R.es   à Jean m/c.
Sa remise.   9,250
1 Abraham m/c à T.es et R.es
Produit de ma remise, 4,125.   9,250

— 4 *idem.* —
1 M.es en c.te à 1/2 avec Claude.
Doivent à Claude.
Ma demie à l'achat 4,188 79

— 5 *idem.* —
1 T.es et R.es   à Caisse.
Promesse de François à 5 mois,
de f. 15,500 pour   15,000

— 6 *idem.* —
1 Action sur le corsaire le Brave.
Doit à Caisse.
Achat de celle payée à Baron, 2,000

— 6 *idem.* —
1 Caisse   à Frédéric, c.te à 1/2.
Sa remise, f. 5,940   6,000

— 9 *idem.* —
1 Frédéric c.te à 1/2 à T.es et R.es
Ma remise, f. 6,000.   6,000

— 50 *idem.* —
1 T.es et R.es   à Caisse.
pour un effet pris de Baron.   5,960

— 50 *idem.* —
1 M.es g.es   à Caisse.
Frais de voiture et de porte-f.x 100

— 1.er *Mars.* —
1 Claude s/c   à Caisse.
Sa traite sur moi   5,000
Divers   à Caisse.
1 Claude de Bord.x, m/c 5,960 }
1 Profits et Pertes . . . . 40 } 4,000

Colonne 3

			fr. c.
	A	Acheté par Louis. . . .	5,575 18
1	J	Avoir Louis.	5,575 18
	PP	Perte à la traite de Louis,	108
1	J	Doit Louis.	5,292
1	J	Avoir Simon.	5,400

			fr. c.
	V	Vendu à Auguste.	17,268
	C	Reçu d'Auguste	8,634
	TR	*Idem*	8,634

| | C | Reçu d'Auguste . . . . . | 4,000 |
| | TR | Négocié à Auguste . . . . | 4,000 |

1	J	Avoir Jean m/c.	9,250
	TR	Reçu de Jean.	9,250
	TR	Envoyé à Abraham	9,250
1	J	Doit Abraham, f. 4,125.	9,250

1	J	Doivent M.es en c.te à 1/2.	4,188 79
		Avoir Claude de Bordeaux,	4,188 79
	A	Y inscrire la facture sans en porter le montant en dehors.	

| | C | Payé à François . . . . | 15,000 |
| | TR | Promesse de François, de f. 15,500, prise pour. | 15,000 |

| | C | Payé pour une action . . . | 2,000 |
| 1 | J | Doit action . . . . . . | 2,000 |

| | C | Reçu p. une R.se de Frédéric, | 6,000 |
| 1 | J | Avoir Frédéric, f. 5,940. | 6,000 |

| | TR | Remis à Frédéric . . . . | 6,000 |
| 1 | J | Doit Frédéric, fr. 6,000. | 6,000 |

| | C | Payé à Baron p. un effet, | 5,960 |
| | TR | Pris en négoc.on de Baron. | 5,960 |

| | C | Payé pour voiture, etc. . | 100 |
| | A | *Idem.* . . . . | 100 |

	C	Payé les traites de Claude,	9,000
	PP	Perte à la traite de Claude,	40
1	J	Doit Claude s/c.	5,000
1	J	Doit Claude m/c.	5,960

21

Tableau comparatif de la Partie double et de ma Méthode.

Montant ci-contre	58		21

Reçu pour vente de l'action sur	fr. c.	*Du 1.er Mars.*	fr. c.		fr. c.
le corsaire le Brave	2,400	1 Caisse à Action.		C Reçu p. vente de l'action ,	2,400
D'où il résulte qu'elle donne		Produit de la vente. . . . 2,400		1 J Avoir action	2,400
un profit de	400	1 Action à P. et P.		PP Profit à l'action	400
		Profit qu'elle donne. . . . 400		1 J Doit action p. solde. . . .	400
		1.er idem.			
Reçu de Jean de Rouen ,		1 Jean m/c à M.es g.es		V Compte de vente de Jean.	9,151 76
compte de vente, à 10 B. coton,		Son compte de vente. . . . 9,151 76		1 J Doit Jean m/c	9,151 76
vendues pour mon compte. .	9,151 76				
		2 idem.			
Reçu de Charles	5,864	1 Caisse à Charles ,		C Reçu de Charles	5,864
		qu'il m'a compté. 5,864		1 J Avoir Charles	5,864
		2 idem.			
Reçu avis de Louis de Marseille,		1 Louis à M.es g.es		V Remboursé à Louis	5,500
qu'il a été payé par les assu-		qu'il a reçu des assureurs . . 5,500		1 J Doit Louis	5,500
reurs de 10 B. coton naufra-		1 T.es et R.es à Louis.		Tll Reçu de Louis.	5,544
gées, assurées pour	5,500	Sa remise de 5,600 pour . . 5,544		1 J Avoir Louis.	5,544
Il me remet pour m/c		1 Simon à T.es et R.es		Tll Remis à Simon	5,600
f. 5,600 sur Paris, à 1 p. %/.	5,544	Ma remise 5,600		1 J Doit Simon.	5,600
J'envoie cet effet à Simon					
de Paris	5,600				
		3 idem.			
Escompté mon billet , au		L. et B. à P. à divers.		C Payé mon billet.	7,021 8
10 Mars, de 7,092, à 1 p. %/.	7,021 8	1 A Caisse . . . . . 7,021 08 ⎫ 7,092		PP Profit à cet escompte. . .	70 9
		1 A P. et P. . . . . . 70 92 ⎭		1 J Doivent L. et B. à P. . .	7,092
		3 idem.			
Emprunté de Michel, contre		Divers à L. et B. à P.		C Reçu de Michel.	10,000
ma promesse, à 6 mois. . . .	10,000	1 Caisse . . . . 10,000 ⎫ 10,500		PP Agio à ma promesse. . .	500
Agio, à 5 p. %/.	500	1 P. et P. . . . . . 500 ⎭		1 J Avoir L. et B. à Payer. . .	10,500
		3 idem.			
Vendu pour comptant à Biset,		1 Caisse à M.es g.es		C Reçu pour vente à Biset. .	9,979 20
1200 bûches bois Campêche,	9,979 20	Vente à Biset 9,979 20		V Vendu à Biset	9,979 20
		3 idem.			
Remis à Claude de Bordeaux ,		M.es g.es à divers.		A C.te de v.te remis à Claude,	8,879 20
le compte de vente aux bois,		1 A Claude de Bordeaux. . . 4,439 60		1 J Avoir c.te à 1/2 avec Claude,	4,439 60
en c.te à 1/2. Produit net . .	8,879 20	1 A M.es en c.te à 1/2 avec lui, 4,439 60		1 J Avoir Claude s/c	4,439 60
		1 M.es en c.te à 1/2 à P. et P.		PP Profit que donne ce c.te,	250 81
		Profit que donne ce compte , 250 81		1 J Doit c.te à 1/2 avec Claude,	250 81
		6 idem.			
Payé à Paul de cette ville . . .	5,470	Paul à divers.		C Payé à Paul	5,470
Rabais à lui fait	8	1 A Caisse . . . . . 5,470 ⎫ 5,478		PP Rabais fait à Paul. . . .	8
		1 A P. et P. . . . . . 8 ⎭		1 J Doit Paul	5,478
		6 idem.			
Reçu de Benoît	2,850	Divers à Benoît.		C Reçu de Benoît	2,850
Rabais qu'il m'a fait	50	1 Caisse . . . . 2,850 ⎫ 2,850 50		PP Rabais fait par Benoît. . .	50
		1 P. et P. . . . . . 50 ⎭		1 J Avoir Benoît.	2,850 50
		14 idem.			
Payé mon billet , ordre de		1 L. et B. à P. à Caisse.		C Payé mon billet.	7,178 60
Joseph	7,178 60	Acquit de mon billet 7,178 6		1 J Doivent L. et B. à P. . .	7,178 60
		14 idem.			
Abraham d'Amsterdam ,		1 T.es et R.ses à Abraham.		Tll Reçu d'Abraham	9,237 18
me remet p. m/c sur Paris,	9,237 18	Sa remise . . . . . fl. 4,125 9,237 18		1 J Avoir Abraham , fl. 4,125.	9,237 18
au change de 53 1/4, fl. 4,099					
Commission et frais . . . 26					
fl. 4,125		59		57	

4

TABLEAU comparatif de la Partie double et de ma Méthode.

Montant d'autre part 59	57

	Du 14 Mars.	
Pris de Deroi au comptant, f. c.	1 Frédéric c.te à 1 2 à Caisse. f. c.	C Payé à Deroi 5,920
un effet sur Marseille,	Ma remise 5,920	1 J Doit Frédéric c.te à 1/2.
de 4,000 f., à 2 p.°/o 3,920	négociée par lui le 24 c.t,	Ma remise, f. 3,960 5,920
Remis cet effet à Frédéric, c.te	à 1 p°/o . . . . . . f. 3,960	TR Pris de Deroi 5,920
à 1/2, qui l'a négocié le 24 c.t		TR Remis à Frédéric 5,920
à 1 p.°/o . . . 5,960		
	14 idem.	
Encaissé une remise de Frédéric	1 Caisse à Frédéric, c.te à 1/2.	C Reçu p. la R.te de Frédéric, 4,000
c.te à 1/2 4,000	Sa remise . . . . . f. 3,960 4,000	1 J Avoir Frédéric, f. 3,960, 4,000
lui coûtant le 15 c.t 3,960		
	14 idem.	
Encaissé un effet sur cette ville,	1 Caisse à T.es et R.es	C Reçu pour un effet 15,662 10
du porte-feuille 15,662 10	Encaissé un effet 15,662 10	TR Encaissé 15,662 10
	20 idem.	
Reçu de Simon de Paris, l'extrait	1 P. et P. à Simon.	PP Agio et com.on dus à Simon, 135 55
de mon compte courant.	Agio et commission 135 55	1 J Avoir Simon. 135 55
Il lui est dû pour agio, 64 85 } 135 35	1 Simon c/v.x à Simon c/n.au	1 J Avoir Simon, c/v.x . . . 5,049 45
pour commission, 70 50 }	qu'il lui est dû à nouveau . . 5,049 45	Doit Simon c. n.au 5,049 45
Il lui est dû à nouveau 5,049 45		
	20 idem.	
Acheté de Barnabé,	1 M.es g.es à Barnabé,	A Acheté de Barnabé 9,246 65
10 B.ses sucre, . . . 9,246 65	10 B.ses sucre 9,246 65	TR Remis à Barnabé 8 654
Payé en un effet au 28 mars, 8,654	1 Barnabé à T.es et R.es 8,654	C Payé à Barnabé. 612 65
En argent 612 65	1 Barnabé à Caisse. . . . 612 65	
	21 idem.	
Reçu de Biot, pour négociation	1 Caisse à T.es et R.es	C Reçu pour négociation. . 3,980
d'un effet au 30 c.t sur Paris,	Produit de cette négociation, 3,980	TR Négocié à Biot 3,980
f. 4,000, à 1/2 p.°/o . . . 3,980		
	30 idem.	
Payé à André pour courtage. . 200	1 M.es g.es à Caisse.	C Payé à divers 3,040
Pour voiture de marchandises, 1,040	Payé à André . . . . 200 }	A Payement de courtage. . . 200
Pour loyer de maison . . . 600	Pour voitures 1,040 } 1,240	Idem de voiture. . . . . , 1,040
Pour appointement de commis, 600	1 P. et P. à Caisse.	PP Payement de loyer 600
Pour ma dépense. 600	Loyer de maison . . 600 }	Idem d'appointement. . 600
	Appointem.t de com.b 600 } 1,800	Idem pour ma dépense, 600
	Pour ma dépense. . 600 }	
	30 idem.	
Réglé le c.te à 1/2 en banque	1 P. et P. à Frédéric, c.te à 1/2.	1 J Avoir Frédéric, agio de
avec Frédéric de Paris.	1 Agio de sa colonne, 55 88.	sa colonne 55 88
Il lui est dû pour agio de sa	Idem de la mienne 15 72	1 J Avoir Frédéric, agio de
colonne. 55 88	1 Frédéric c/n.au à 1/m c. v.x	ma colonne 15 72
Je dois pour agio de la mienne, 15 72	qu'il doit à nouveau 6 12	1 J Avoir Frédéric c/v.x ,6 12 6 12
la balance de sa colonne est	1 Frédéric c.te à 1/2 à 1/m c/n.au	1 J Doit Frédéric c/v.x , la 1/2
à son débit 6 12	Sa 1/2 du profit 43 06	du profit porté à s/c n.au 49 92
Le profit est. 99 84	1 Frédéric c.te à 1/2 à P. et P.	1 J Doit idem ma demie . . . 49 92
	Ma 1/2 du profit 49 92	1 J Doit Frédéric, c/v.x . . . 6 12
		1 J Avoir Frédéric, c/n.au . . . 49 92
		PP Profit au c.te à 1/2 . . . . 49 92
	30 idem.	
Les colonnes intérieures du	1 Abraham à P. et P.	PP Solde du c.te d'Abraham, 12 82
compte d'Abraham sont balan-	Solde de son compte. . . . 12 82	1 J Doit Abraham, pour solde, 12 82
cées, et dans les autres,		
il est créditeur de. 12 82	75	49

FOLIOS du grand LIVRE.	FOLIOS de rapport des JOURNAUX entr'eux.	SOIT LIVRE DES	DÉBITEURS.		CRÉDITEURS	
			fr.	c.	fr.	c.
		Du 1.er Janvier.				
		Avoir capital que j'apporte dans mon commerce.				
4.	A. 1.	10 B.ques café Martinique, net, l. 5200, à 2 fr. . . . . 10,000 fr. ⎫				
	TR. 1.	N.° 1. f. 4,000, au 15 mars, sur Paris, ⎫ au pair. . . . . 10,000 ⎬	»	»	30,000	»
		2. 6,000, au 15 février, sur *idem,* ⎭				
	C. 1.	En espèces . . . . 10,000 ⎭				
		2 idem.				
1.	V. 1.	Doit Charles de cette ville, à lui vendu, à 2 mois,				
		4 B.ques café. Net, l. 1840, à 2 fr. 10 c.	5,864	»		
		5 idem.				
1.	A. 1.	Avoir Paul de cette ville, qu'il m'a vendu, à 2 mois,				
		10 Balles coton Géorgie. Net, l. 1826, à 300 fr.	»	»	5,478	»
		6 idem.				
1.	V. 1.	Doit Benoît de cette ville, à lui vendu				
		10 Balles coton Géorgie. Net, l. 1826, à 310 fr. 5,660 60				
		Déduire, reçu comptant. 2,830 30				
		Reste payable, à 2 mois. 2,830 30	2,830	30		
		10 idem.				
5.	A. 1.	Avoir lettres et billets à payer. Mon billet, ordre Pierre, au 10 mars,				
		pour achat de 6 B.ques sucre de Marseille. Net, l. 5224, à 220 fr. 7,092 80 ⎫	»	»	7,092	»
		Rabais. . . 80 ⎭				
		14 idem.				
5.	A. 2.	Avoir lettres et billets à payer. Mon billet, ordre Joseph, au 14 mars,				
		pour la demie à l'achat de 10 B.ques café. Net, l. 6525, à 2 fr. 20 c. . . 14357 20	»	»	7,178	60
		14 idem.				
2.	A. 2.	Avoir Simon de Paris, m/c. Ma traite sur lui, ordre Grégoire,				
		N.° 4, 8,714 fr. 10 c.. au 15 février,				
		pour achat de 10 Balles coton. Net, l. 2811, à 310 fr.	»	»	8,714	10
		15 idem.				
1.	V. 2.	Doit Jean de Rouen, s/c. Acheté pour s/c, valeur comptant,				
		suivant le compte à lui remis par ma lettre de ce jour.				
		10 Balles coton Géorgie. Net, l. 1955, à 300 fr. . . . . . 5,865 ⎫	5,981	30		
		Commission et frais. . . . . 176 30 ⎭				
		15 idem.				
1.	TR. 1.	Avoir Jean de Rouen, s/c. Ma traite pour son compte,				
		N.° 5, f. 5,600, au 15 mars, sur Bellet, à Paris, à 2 p. °/₀.	»	»	5,488	»
		15 idem.				
2.	TR. 1.	Doit Simon de Paris, m/c, à lui remis par ma lettre de ce jour,				
		N.° 5, f. 5,600, au 15 mars, sur Paris.	5,600	»		
		15 idem.				
2.	A. 2.	Avoir Louis de Marseille, qu'il a acheté pour mon compte, valeur comptant,				
		suivant le compte d'achat qu'il me remet par sa lettre du 10 courant,				
		10 Balles coton maragnon. Net, l. 1278, à 400 fr. . . . . . 5,112 ⎫				
		Frais divers . . . . 55 56 ⎪				
		Assurance de mer, à 2 p. °/₀. . . . . 102 24 ⎬	»	»	5,375	18
		Commission à 2 p °/₀. . . . . 105 38 ⎭				
			fr. c.		fr. c.	
			18,275	60	69,525	88

			fr.	c.	fr.	c.
		Montant d'autre part.	18,275	65	69,325	88
		——— Du 15 Janvier. ———				
		Doit Louis de Marseille, m/c, suivant sa lettre du 10 cour., valeur 10 cour.				
2.	J. 2.	Net produit de sa traite pour m/c, sur Simon de Paris, au 15 mars, 5,400 fr.				
	PP. 1.	Déduire perte, à 2 p. °/ 108	5,292	»		
		——— 15 idem. ———				
2.	J. 2.	Avoir Simon de Paris, m/c, Traite sur lui pour mon compte,				
		de Louis de Marseille, au 15 mars	»	»	5,400	»
		——— 4 Février. ———				
1.	TR. 1.	Avoir Jean de Rouen, m/c, qu'il m'a remis par sa lettre du 1.er courant,				
		N.º 7, M. L. B., 5,000, au 30 cour., sur Hambourg, à 185.	»	»	9,250	»
		——— 4 idem. ———				
2.	TR. 1.	Doit Abraham d'Amsterdam, m/c, à lui remis ce jour,				
		N.º 7, M. L. B., 5,000, au 30 c., sur Hambourg, à 185.	9,250	»		
		qu'il a négocié le 10 c., à 55 . . . . fl. 4,125				
		——— 4 idem. ———				
5.	J. 2.	Doivent Marchandises en compte à 1/2 avec Claude de Bordeaux.	4,188	79		
2.	J. 2.	Avoir Claude de Bordeaux, m/c, valeur 25 janvier.	»	»	4,188	79
		La demie à l'achat que ce dernier a fait en compte à 1/2 avec moi, et qu'il				
		m'a expédié, suivant sa lettre du 25 janvier.				
		4200 Bûches bois Campêche. Net, l. 207 90, à 40 fr. 8,316				
		Frais divers. 61 58				
		f. 8,377 58				
		——— 6 idem. ———				
5.	C. 1.	Doit action sur le corsaire le Brave, de Nantes.				
		Coût de celle que j'ai achetée de Baron, au comptant.	2,000	»		
		——— 6 idem. ———				
5.	C. 1.	Avoir Frédéric, compte à 1/2 en banque, qu'il m'a remis par sa lettre du 4 c.,				
		f. 6,000 à ce jour, sur cette ville.	»	»	6,000	»
		Pris par lui le 30 janvier, à 1 p. °/ . . . . 5,940 fr.				
		——— 9 idem. ———				
5.	TR. 1.	Doit Frédéric, compte à 1/2 en banque, à lui remis ce jour.				
		N.º 2, f. 6,000, au 15 cour., sur Paris, au pair. . . . . . 6,000 fr.	6,000	»		
		——— 1.er Mars. ———				
		Doit Claude de Bordeaux, m/c, suivant sa lettre du 25 février.				
2.	C. 1.	Sa traite sur moi, pour m/c à ce jour, ordre Benoît, de 4,000 fr. } valeur 25 février.	3,960	»		
	PP. 1.	Déduire perte, à 1 p. °/ . . . . 40 }				
		——— 1.er idem. ———				
2.	C. 1.	Doit Claude de Bordeaux, s/c, suivant sa lettre du 25 février.				
		Sa traite sur moi à ce jour, ordre Benoît	5,000	»		
		——— 1.er idem. ———				
5.	C. 1.	Avoir action sur le corsaire le Brave.				
		Produit de la vente faite à Charles de la dite action	»	»	2,400	»
		——— 1.er idem. ———				
5.	PP. 1.	Doit action sur le corsaire le Brave.				
		Montant du profit qu'elle donne.	400	»		
		——— 1.er courant. ———				
1.	V. 2.	Doit Jean de Rouen, m/c. Net produit à la vente pour mon compte, suivant				
		le compte qu'il me remet par sa lettre du 25 février, valeur à 6 mois.				
		10 Balles coton Louisiane. Net, l. 2811, à 350 fr. . . . . . f. 9,838 50				
		Commission et frais divers à déduire 706 74	9,131	76		
			fr.	c.	fr.	c.
			63,498	15	96,564	67

			fr.	c.	fr.	c.
		Montant ci-contre.	63,498	15	96,564	67
		───── Du 2 Mars. ─────				
1.	C. 5.	Avoir Charles de cette ville, qu'il m'a compté pour solde.	»	»	3,864	»
		───── 2 idem. ─────				
2.	V. 1.	Doit Louis de Marseille, m/c suivant sa lettre du 28 février, qu'il a reçu des assureurs, pour remboursement de la valeur de 10 balles coton naufragées. .	5,500	»		
		───── 2 idem. ─────				
2.	TR. 1.	Avoir Louis de Marseille, m/c qu'il m'a remis par sa lettre du 28 février, N.º 6, f. 5,600 au 30 courant, sur Paris, à 1 p. %.	»	»	5,544	»
		───── 2 idem. ─────				
2.	TR. 1.	Doit Simon de Paris, m/c à lui remis ce jour, N.º 6, f. 5,600, au 30 courant, sur Paris	5,500	»		
		───── 3 idem. ─────				
5.	C. 1.	Doivent lettres et billets à payer, acquit sous escompte de 1 p. % de mon billet ordre Pierre, au 10 mars	7,092	»		
		───── 3 idem. ─────				
		Avoir lettres et billets à payer.				
5.	C. 1.	Ma promesse en faveur Michel, à 6 mois. Reçu. . . . . 10.000 fr. }				
	PP. 1.	Agio à 5 p. %. . . . . 500 }	. . . .	.	10,500	»
		───── 3 idem. ─────				
5.	A. 5.	Avoir marchandises en compte à demi avec Claude de Bordeaux. La demie du net produit de 1,200 bûches bois Campêche. Net, livr. 207 90, à 48 fr. . . . . 9,979 fr. 20 c. Voiture et frais divers à déduire. 1,100				
		La demie de 8,879 20	»	»	4,439	60
		───── 3 idem. ─────				
2.	A. 3.	Avoir Claude de Bordeaux, s/c suivant le compte que je lui remets ce jour. Sa demie à la vente ci-dessus, valeur ce jour.	»	»	4,439	60
		───── 3 idem. ─────				
5.	PP. 1.	Doivent marchandises en compte à 1/2 avec Claude, le profit qu'elles donnent,	250	81		
		───── 6 idem. ─────				
1.	C. 1.	Doit Paul de cette ville, à lui compté. . . . . 5,470 fr. }				
	PP. 1.	Rabais à lui fait . . . . 8 }	5,478	»		
		───── 6 idem. ─────				
1.	C. 1.	Avoir Benoît de cette ville, qu'il m'a compté . . . . 2,850 }				
	PP. 1.	Rabais qu'il m'a fait . . . . 50 }	. . . .	.	2,850	50
		───── 14 idem. ─────				
5.	C. 1.	Doivent lettres et billets à payer, acquit de mon billet, o/ Joseph.	7,178	60		
		───── 14 idem. ─────				
2.	TR. 1.	Avoir Abraham d'Amsterdam, m/c qu'il m'a remis par sa lettre du 8 courant, N.º 11, 9,257 fr. 18 c., au 30 avril, sur Paris, à 53 1/4. . . . 4,099 fr. Commission et frais. 26				
		fl. 4,125	. . . .	.	9,257	18
		───── 14 idem. ─────				
5.	TR. 1.	Doit Frédéric, compte à demi en banque, à lui remis ce jour. N.º 12, 4,000 fr., au 30 courant, sur Marseille, à 2 p. %. . . . . . Négocié par lui le 24 courant, à 1 p. %. 3,960	5,920	»		
			fr.	c.	fr.	c.
.			98,517	56	137,219	33

			fr.	c.	fr.	c.
		Montant d'autre part.	58,517	56	157,219	35

——— Du 14 Mars. ———

| 3. | C. 1. | Avoir Frédéric compte à 1/2 en banque, qu'il m'a remis par sa lettre du 8 c.^t, 4,000 fr. à ce jour, sur c/v, pris le 5 c.^t, à 1 p. °/_o . . . . . 3,960 fr. | » | » | 4,000 | » |

——— 20 *idem.* ———

| 2. | PP. 1. | Avoir Simon de Paris. Provision de s/c c.^t . . . . 70 50 } | » | » | 135 | 35 |
| | | Balance des intérêts de s/c c.^t, réglés au 20 c.^t, à 1/2 p. °/_o . . . . 64 85 } | | | | |

——— 20 *idem.* ———

2.	J. 4.	Doit Simon de Paris, compte vieux.	3,049	45		
2.	J. 4.	Avoir Simon de Paris, compte nouveau.	»	»	3,049	45
		dont il est créditeur à nouveau, valeur 30 courant, suivant le compte qu'il me remet par sa lettre du 15 courant.				

——— 20 *idem.* ———

3.	PP. 1.	Avoir Frédéric de Paris, compte à 1/2 en banque.				
		Balance des intérêts de sa colonne, en sa faveur, à 1/2 p. °/_o 53 88				
		Idem. . . . . . de la nôtre . *idem* . . . . » »	»	»	13	72

——— 20 *idem.* ———

| 3. | J. 4. | Avoir Frédéric, compte à 1/2 en banque. | | | | |
| | | Solde de son compte porté à nouveau compte . . . . | » | » | 6 | 12 |

——— 20 *idem.* ———

3.		Doit Frédéric, compte à 1/2 en banque.				
	J. 4.	Sa demie du profit à ce compte, porté à s/c nouveau . . . . . 49 92 }	99	84		
	PP. 1	Notre demie . . . . 49 92 }				

——— 20 *idem.* ———

| 3. | J. 4. | Doit Frédéric, compte nouveau. | | | | |
| | | Solde du compte à demi en banque. . . . . | 6 | 12 | | |

——— 20 *idem.* ———

| 3. | J. 4. | Avoir Frédéric, compte nouveau. Sa demie du profit au compte à 1/2. . . | » | » | 49 | 92 |

——— 20 *idem.* ———

| 2. | PP. 1. | Avoir Abraham d'Amsterdam, m/c. Solde de ma colonne. . . . | » | » | 12 | 82 |

——— 31 *idem.* ———

4.	A. 5.	Doivent Marchandises générales.				
		Montant des achats, du 1.er janvier à ce jour. : . . . . . . 84,663 33 }	97,344	01		
		Profit qu'elles donnent. . . . . 12,680 68 }				

——— 31 *idem.* ———

| 4. | V. 5. | Avoir lesdites. | | | | |
| | | Montant des ventes, du 1.er janvier à ce jour . . . . | » | » | 79,583 | 26 |

——— 31 *idem.* ———

| 4. | C. 1. | Doit Caisse. | | | | |
| | | Montant des recettes, du 1.er janvier à ce jour. . . . . | 90,515 | 90 | 78,661 | 93 |

——— 31 *idem.* ———

| 4. | C. 1. | Avoir Caisse. | | | | |
| | | Montant des payemens, du 1.er janvier à ce jour. . . . . . . | | | » | |

——— 31 *idem.* ———

4.	TR. 1.	Doivent Traites et Remises, soit Lettres et Billets à recevoir.				
		Coût des effets entrés, du 1.er janvier à ce jour. . . . . . 95,409 68 }	95,897	68		
		Profit qu'ils donnent. . . . . 488 }				

——— 31 *idem.* ———

| 4. | TR. 1. | Avoir lesdits. | | | | |
| | | Produit des effets sortis, du 1.er janvier à ce jour . . . . | » | » | 71,360 | 50 |

			fr.	c.	fr.	c.
			385,450	56	375,892	42

			fr.	c.	fr.	c.
		Montant ci-contre.	385,450	56	373,892	42
		———— 31 *Mars.* ————				
4.	PP. 1.	Doivent Profits et Pertes.				
		Montant des pertes, du 1.er janvier à ce jour	2,410	19		
		———— 31 *idem.* ————				
4.	PP. 1.	Avoir lesdits.				
		Montant des profits, du 1.er janvier à ce jour	»	»	13,948	33
		———— 31 *idem.* ————				
4.	J. 1.	Doivent lesdits.				
		Balance de ce compte portée au compte de *capital.*	11,538	14		
		———— 31 *idem.* ————				
4.	J. 1.	Avoir capital.				
		Résultat des profits, du 1.er janvier à ce jour	»	»	11,538	14
			fr.	c.	fr.	c.
			599,378	89	599,378	89

INVENTAIRE AU 31 MARS.

COMPTES PARTICULIERS.	DÉBITEURS.		CRÉDITEURS.					
	fr.	c.	fr.	c.				
1. Jean s/c de Rouen.	495	50	»	»				
1. Jean m/c de *idem.*	»	»	118	24				
2. Simon m/c de Paris.	»	»	5,049	45				
2. Louis m/c de Marseille	»	»	127	18				
2. Claude m/c de Bordeaux.	»	»	228	79				
2. Claude s/c de *idem.*	560	40	»	»				
3. Lettres et Billets à payer	»	»	10,300	»				
3. Frédéric s/c de Paris	»	»	43	80				
	1,053	70	15,867	46				
4. { Capital . . . . 50,000 » { Profits à cet inventaire . . . . . 11,538 14 }	»	»	41,538	14				
COMPTES GÉNÉRAUX.	1,053	70	55,405	60	1,053	70	55,405	60
4. Marchandises générales.	17,960	75	»	»				
4. Traites et Remises ou Lettres et Billets à recevoir. . .	24,557	18	»	»				
4. Caisse	11,853	97	»	»				
	55,405	60	55,405	60				

GRAND LIVRE,

SOIT LIVRE DES COMPTES COURANS.

RÉPERTOIRE DU GRAND LIVRE.

	Folios du Journal général	DOIVENT.

CHARLES de cette ville.

...vier 2. Vente de 4 Bariques café, à 2 mois, ... | 1 | 5,864 »

PAUL de cette ville.

Mars 2. A lui compté, 5,470 fr. Rabais, 8 fr. . . . . | 5 | 5,478 »

BENOIT de cette ville.

...nvier 6. Demie de la vente de 10 Balles coton, à 2 mois . . . . . | 1 | 2,850 50

JEAN de Rouen, s/c.

...nvier 15. Achat pour son compte, de 10 Balles coton, valeur comptant. . . | 1 | 5,981 50
...Mars 31. Débiteur à l'inventaire . . . . | 5 | 493 50

JEAN de Rouen, m/c.

...Mars 1. Vente p. mon compte, de 10 B. coton, du 25 février, à 6 mois,. | 2 | 9,131 76
31. Créditeur à l'inventaire . . . . | 5 | 118 24
  9,250 fr.

Colonne indiquant l'époque des vérifications du Journal général avec le Grand Livre.

		AVOIR.

Mars 2. Reçu pour solde . . . . | 5 | 5,864 »

Janvier 5. Achat de 10 Balles coton, à 2 mois . . . . | 1 | 5,478 »

Mars 6. Reçu 2,850 fr. Rabais, 50 c. . . . . | 5 | 2,850 50

Janvier 15. Ma Traite pour son compte sur Bellet, à Paris, au 15 mars, de 5,600 fr., à 2 p. °/o . . . . | 1 | 5,488 »
Mars 31. Débiteur à l'inventaire . . . . | 5 | 493 50
  5,981 fr. 50 c.

Février 4. 8a R.te M. L. 5,000 fr., au 50 c.t, sur Hambourg, à 185, v.tm 1.er c.t | 2 | 9,250 »
Mars 31. Créditeur à l'inventaire. . . . . | 5 | 118 24

		Doivent.
Simon de Paris, m/c.		
Janvier 15. Ma Remise au 15 mars, sur Paris	1	5,600 »
Mars 2. *Idem au 30 idem sur idem*	5	5,600 »
		11,200 fr.
20. Créditeur à nouveau.	5	5,019 45
	14,219 fr. 45 c.	
Louis de Marseille, m/c.		
Janvier 15. Sa Traite, pour mon compte, sur Simon, à Paris, au 15 mars,		
5,400 fr., à 2 p. °/₀, valeur 10 cour.²	2	5,292 »
Mars 2. Remboursement par les assureurs, reçu le 28 février.	5	5,500 »
51. Créditeur à l'inventaire.	5	127 18
	10,919 fr. 18 c.	
Abraham d'Amsterdam, m/c.		
Février 4. Produit de ma Remise sur Hambourg, v.ᵐ 10 c.², fl. 4,125. . .	2	9,250 »
Claude de Bordeaux, m/c.		
Mars 1. Sa Traite du 25 février à ce jour, 4,000 fr., à 1 p. °/₀, v.ᵐ 25 février.	2	5,960 »
51. Créditeur à l'inventaire.	5	228 79
	4,188 fr. 79 c.	
Claude de Bordeaux, s/c.		
Mars 1. Sa traite à ce jour, ordre Benoît	2	5,000 »
51. Débiteur à l'inventaire.	5	560 40

		Avoir.
Simon de Paris		
Janvier 14. Ma Traite, ordre Grégoire, au 15 février.	1	8,714 10
15. Traite de Louis sur lui, pour mon compte, au 15 mars. . .	2	5,400 »
	14,114 fr. 10 c.	
Mars 20. Balance des intérêts de son compte courant, et provision. . . .	4	155 55
	14,219 45	
Créditeur à nouveau, valeur 30 cour.³	5	5,019 45
Louis de Marseille		
Janvier 15. Achat pour mon compte, de 10 Balles coton, valeur 10 c.³ . . .	1	5,575 18
Mars 2. Sa Remise f. 5,600, au 30 c.² sur Paris, à 1 p. °/₀, valeur 28 février,	5	5,544 »
	10,919 fr. 18 c.	
51. Créditeur à l'inventaire	5	127 18
Abraham d'Amsterdam		
Mars 14. Sa Remise sur Paris, pour solde. . . . . . . fl. 4,125 . .	5	9,237 18
50. Balance de ce compte	4	12 82
	9,250 fr.	
Claude de Bordeaux		
Février 4. Demie à l'achat en compte à 1/2, de 1200 Bûches Campêche,		
valeur 25 janvier.	2	4,183 »
Mars 51. Créditeur à l'inventaire	5	228 79
Claude de Bordeaux		
Mars 5. Demie du net produit de 1200 Bûches Campêche, v.ᵐ 5 c.³ . . .	5	4,439 60
51. Débiteur à l'inventaire	5	560 40
	5,000 fr.	

Action sur le Corsaire le Brave, de Nantes.

			DOIVENT.	
			fr.	c.
Février 6.	Achat d'icelle	2	2,000	»
Mars 1.	Profit qu'elle donne, ...	2	400	»

Marchandises en compte à 1/2 avec Claude.

		DOIVENT	
Février 4.	Ma demie à l'achat de 1200 Bûches bois Campêche	2	4,188 79
Mars 3.	Ma demie du profit	3	250 81
	4,439 fr. 60 c.		

Lettres et Billets à payer.

			DOIVENT	
Mars 3.	Acquit de mon Billet, ordre Pierre, au 10 mars	3	7,092	»
14.	Idem, ordre Joseph, au 14 idem	3	7,178	60
	14,270 fr. 60 c.			

Frédéric de Paris, compte à 1/2 en banque.

						DOIVENT	
Février 9.	Ma Remise	15 février.	6,000	»	9 février.	2	6,000 »
Mars 14.	Idem	24 mars.	5,960	»	14 mars.	3	5,920 »
20.	1/2 du profit porté à s/c n°	. . . .	»	»	. . . .	4	49 92
	Idem me revenant . . .	. . . .	»	»	. . . .		49 92
						10,019	84

Frédéric de Paris, s/c.

			DOIVENT	
Mars 20.	Solde du compte à 1/2 en banque	4	6	12
31.	Créditeur à l'inventaire	5	45	80
	49 fr. 92 c.			

		AVOIR.	
		fr.	c.
Mars 1.	Vente d'icelle	2	2,400 »

		AVOIR.	
Mars 3.	Ma demie du net produit	3	4,439 60

			AVOIR	
Janvier 10.	Mon Billet, ordre Pierre. . . au 10 mars.	1	7,092	»
14.	Autre, ordre Joseph. . . au 14 idem	1	7,178	60
	14,270 fr. 60 c.			
Mars 3.	Autre, ordre Michel. . . au 3 septembre	3	10,300	»

						AVOIR	
Février 6.	Sa Remise	30 janvier.	5,940	»	6 février.	2	6,000 »
Mars 14.	Idem	5 mars.	5,960	»	14 mars.	4	4,000 »
20.	Balance des intérêts de sa colonne.	. . . .	55	58	. . . .	4	» »
1.	Idem idem de la mienne.	. . . .	»	»	. . . .	4	13 72
2.	Porté à son débit à nouveau.	. . . .	6	12	. . . .	4	6 12
						10,019	84

		AVOIR	
Mars 20.	Sa demie du profit au compte à 1/2 en banque	4	49 92
31.	Créditeur à l'inventaire		45 80

Capital.

		DOIVENT.
		fr. c.

Marchandises générales.

Mars 31. Achats du 1.er janvier à ce jour 84,663 33	4	97,344 01
Profit qu'elles donnent . . . . 12,680 (?		

Traites et Remises, soit Lettres et Billets à recevoir.

Mars 31. Coût des effets entrés du 1.er janvier à ce jour . . . 95,409 68	4	95,897 68
Profit qu'ils ont donné . . . . 488 »		

Caisse.

Mars 31. Montant des recettes du 1.er janvier à ce jour	4	90,515 90

Profits et Pertes.

Mars 31. Montant des pertes du 1.er janvier à ce jour	5	2,410 19
Porté au compte capital	5	11,531 28
13,941 fr. 47 c.		

		AVOIR.
		fr. c.
Janvier 1. Valeurs que j'y ai mises	1	30,000 »
Mars 31. Profits du 1.er janvier à ce jour	5	11,558 14
Capital à ce jour		41,558 14

Mars 31. Ventes du 1.er janvier à ce jour	4	79,383 26
Porté à nouveau sur le Livre d'Achat	5	17,960 75
97,344 fr. 01 c.		

Mars 31. Produit des effets sortis du 1.er janvier à ce jour	4	71,560 50
Porté à nouveau sur le Livre de Traites et Remises	1	24,337 18
95,897 fr. 68 c.		

Mars 30. Montant des payemens du 1.er janvier à ce jour	4	78,661 93
Porté à nouveau sur le Livre de Caisse	1	11,853 97
90,515 fr. 90 c.		

Mars 31. Montant des profits du 1.er janvier à ce jour	5	13,941 47

BALANCE et TABLEAU général des Affaires,

Du 1.er Janvier au 31 Mars.

COMPTES PARTICULIERS.	TOTAUX		DÉBITEURS.		CRÉDITEURS.	
	DES DÉBITS.	DES CRÉDITS.				
	fr. c.	fr. c.	fr. c.		fr. c.	
1. Charles de cette ville.	3,864 »	3,864 »	»	»	»	»
1. Paul de *idem*.	5,478 »	5,478 »	»	»	»	»
1. Benoît de *idem*..	2,830 3o	2,830 3o	»	»	»	»
1. Jean s/c de Rouen	5,981 3o	5,488 »	493 3o		»	»
1. Jean m/c de *idem*.	9,131 76	9,250 »	»	»	118 24
2. Simon de Paris.	14,249 45	17,298 90	»	»	3,049 45
2. Louis de Marseille	10,792 »	10,919 18	»	»	127 18
2. Abraham d'Amsterdam	9,250 »	9,250 »	»	»	»	»
2. Claude m/c de Bordeaux.	3,960 »	4,188 79	»	»	228 79
2. Claude s/c de *idem*.	5,000 »	4,439 6o	560 4o		»	»
5. Action sur le Brave.	2,400 »	2,400 »	»	»	»	»
3. March.es en compte à 1/2 avec Claude.	4,439 6o	4,439 6o	»	»	»	»
5. Lettres et Billets à payer.	14,270 6o	24,570 6o	»	»	10,300 »
5. Frédéric c.ie à 1/2 en banque, de Paris.	10,019 84	10,019 84	»	»	»	»
5. Frédéric s/c de Paris.	6 12	49 92	»	»	43 8o
4. { Capital. . . . . 5o,ooo { Profits à cet inventaire, 11,538 14	. . . .	41,538 14	1,053 70 » »		13,867 46 41,538 14	
COMPTES GÉNÉRAUX.			1,053 70		55,405 6o	
4. Marchandises générales.	97,344 o1	79,383 26	17,960 75		»	»
4. T.es et R.es ou L. et B. à recevoir. . .	95,897 68	71,36o 5o	24,537 18		»	»
4. Caisse.	90,515 6o	78,661 93	11,853 97		»	»
4. Profits et Pertes.	13,948 33	13,948 33	»	»	»	»
	399,378 89	399,378 89	55,405 6o		55,405 6o	

LIVRE D'ACHAT,

SOIT LIVRE DU DÉBIT DES MARCHANDISES GÉNÉRALES.

f.° r

FOLIOS de rapport des Journaux entr'eux.		fr.	c.

—————— *Du 1.er Janvier.* ——————

J'apporte dans mon commerce (ce qui entre dans mon compte capital),
10 Bariques café Martinique.

N.° 1. l. 502 Tare, l. 41	N.° 6. l. 580 Tare, l. 44
2. 496 43	7. 600 43
3. 499 38	8. 590 42
4. 506 41	9. 560 40
5. 498 40	10. 588 47
2501 203	l. 2918 l. 216
2918 216	

J. 1.   Ort. l. 5419   l. 419

Tare,   419

Net, l. 5000 à 2 fr.   10,000

—————— *Du 5 idem.* ——————

Acheté de Paul de cette ville, à deux mois,
10 Balles coton Géorgie.

N.° 1. l. 210	N.° 6. l. 201
2. 209	7. 192
3. 180	8. 200
4. 150	9. 199
5. 180	10. 181
l. 929	l. 973
973	

J. 1.   Ort.   l. 1902 } l. 1826.   Net, à 300 fr. . . . .   5,478 »

Tare, 4 p. °/°   76 }

—————— *Du 6 idem.* ——————

Acheté de Jacques de cette ville, au comptant,
7 Bariques sucre de Marseille.

N.° 1. l. 650 Tare, l. 60	N.° 5. l. 604 Tare, l. 80
2. 680 65	6. 700 69
3. 620 59	7. 598 70
4. 590 68	
l. 2540 252	l. 1902 l. 219
1902 219	
l. 471	

C. 1.   Ort. l. 4442 }   Net, l. 3971, à 2 fr. 20 c. 8,576   20 }   8,576 »

Tare,   471 }   Rabais. . . . .   20 }

—————— *Du 10 idem.* ——————

Acheté de Pierre de cette ville, contre mon billet, au 10 mars,
6 Bariques sucre de Marseille.

N.° 1. l. 602 Tare, l. 62	N.° 4. l. 600 Tare, l. 59
2. 599 61	5. 608 57
3. 605 65	6. 580 66
l. 1806 l. 188	l. 1788 l. 182
1788 182	
l. 370	

J. 1.   Ort. l. 3594 }   Net, l. 3224, à 2 fr. 20 c. . . . . 7,092 80 }   7,092 »

Tare,   370 }   Rabais. . . . .   80 }

| | | 30,946 | |

LIVRE D'ACHAT.

				fr.	c.
		Montant d'autre part.		50,946	»

------- Du 14 Janvier. -------

Acheté de Joseph de cette ville, payable

C	1.	1/2 comptant	7,178	60
J	1.	1/2 en mon billet, au 14 mars	7,178	60

10 Bariques café Guadeloupe.

N.° 1.	l. 700	Tare, l. 82	N.° 6.	l. 782	Tare, l. 78
2.	690	69	7.	696	74
3.	702	78	8.	704	75
4.	802	76	9.	700	75
5.	798	69	10.	704	76
	l. 3692	l. 374		l. 3586	l. 378
	3586	378			

Ort. l. 7278   l. 752

Tare , 752

Net , l. 6526 , à 2 fr. 20 c. 14,357 20

------- Du 15 idem. -------

J. 1. Acheté de Grégoire de cette ville, contre ma traite sur Simon de Paris, au 15 février,
10 Balles coton Louisiane.

N.° 1.	l. 282	N.° 6.	l. 298
2.	290	7.	309
3.	500	8.	301
4.	306	9.	302
5.	302	10.	300
	l. 1480		l. 1510
	1510		

Ort. l. 2990 }
Tare, 6 p. °/o 179 } Net, l. 2811, à 310 fr. 8,714 10

------- Du 15 idem. -------

C. 1. Acheté de Paul de cette ville, au comptant,
10 Balles coton Géorgie.

N.° 1.	l. 200	N.° 6.	l. 188
2.	180	7.	192
3.	196	8.	220
4.	210	9.	216
5.	190	10.	224
	l. 976		l. 1040
	1040		

Ort. l. 2016 }
Tare, 4 p. °/o 81 } Net, l. 1935, à 300 fr. . . . . 5,805 »

------- Du 15 idem. -------

J. 1. Acheté par Louis de Marseille, pour mon compte, au comptant, suivant la facture qu'il me remet
par sa lettre du 10 courant,
10 Balles coton Maragnon.

N.° 1.	l. 150	N.° 6.	l. 142
2.	140	7.	140
3.	110	8.	138
4.	130	9.	128
5.	136	10.	146
	l. 666		l. 694
	694		

Ort. l. 1360 }
Tare, 6 p. °/o 82 } Net, l. 1278, à 400 fr. . . . . : . . . 5,112 »

FRAIS.

Courtage, 1/2 p. °/o	25	56	}		
Emballage et toile.	30		}	157	80
Assurance, 2 p. °/o	102	24	}		
				5,269	80
Commission, 2 p. °/o			105	58	

5,575 18

| | | 65,197 | 48 |

		fr.	c.
Montant ci-contre.		65,197	48

Du 4 Février.

J. 2. Acheté par Claude de Bordeaux, en compte à 1/2, pour comptant, suivant le compte qu'il remet par sa lettre du 25 janvier,
1200 Bûches bois Campêche.

Ort. 210ˣ
Trait, 1 p. %. 2 10
l. 207 90, à 40 fr. . . . 8,316

FRAIS.
Courtage, 1/2 p. %. . . . . 41 58 } 61 58
Port. . . . . 20 }
8,377 58

Du 30 idem.

C. 1. Payé pour voiture de divers objets, et frais de porte-faix. . . . . 100 »

Du 3 Mars.

J. 3. Compte de vente aux bois de Campêche,
en compte à 1/2 avec Claude de Bordeaux, valeur comptant, suivant le compte que je remets par ma lettre de ce jour.
1200 Bûches, pesant net l. 207 90, à 48 fr. 9,979 20

FRAIS A DÉDUIRE.
Voiture. 1,040
Courtage, 1/2 p. %. . . . . 49 89 } 1,100 »
Divers menus frais. . . . . 10 11 }
8,879 20

Du 20 idem.

TR. 1. Acheté de Barnabé de cette ville, payement
En un effet au 28 courant, sur cette ville 8,634
C. 1. Comptant 612 65
10 Bariques sucre terré, Martinique.

N.º 1. l. 650	N.º 6. l. 796
2. 890	7. 802
3. 719	8. 790
4. 699	9. 600
5. 704	10. 710
l. 3662	l. 3698
3698	

Ort. l. 7360 } Net, l. 6377, à 145 fr. 9,246 65
Tare, 15 p %. 983 }

Du 30 idem.

C. 1. Payé à André son compte de courtage. . . . . 200 »
Pour voiture de 207ˣ 90 l. bois Campêche . . . . 1,040 » } 1,240 »

Du 31 idem.

		84,663	33
PP. 1. Profit que donnent les marchandises à ce jour		12,680	68
		97,344	01

Du 31 idem.

V. 3. Marchandises existant à ce jour, suivant l'inventaire. 17,960 75

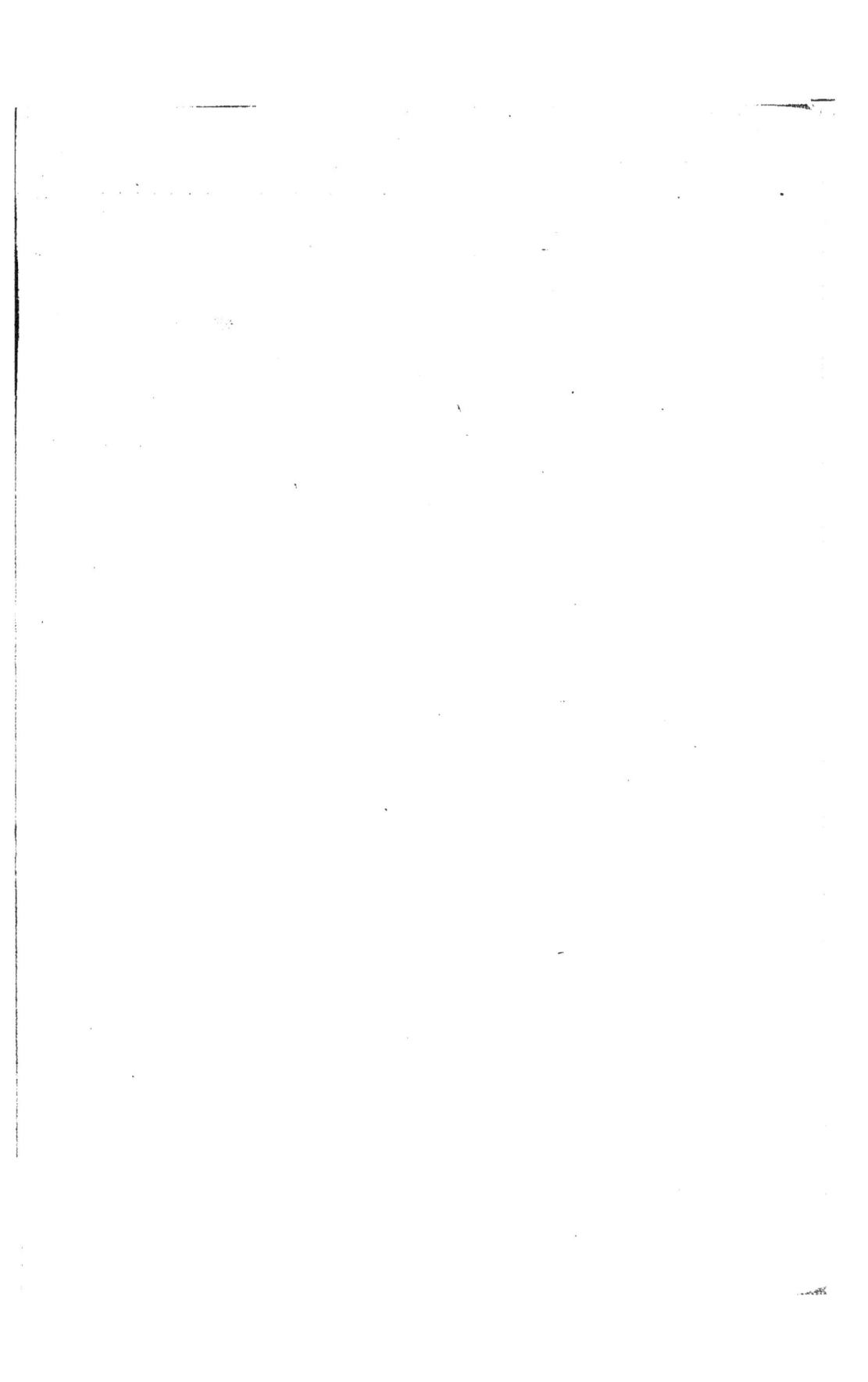

LIVRE DE VENTE,

SOIT LIVRE DU CRÉDIT DE MARCHANDISES GÉNÉRALES.

FOLIOS de rapport des Journaux entr'eux.		fr.	c.
	——————— *Du 2 Janvier.* ———————		
J. 1.	Veudu à Charles de cette ville, à 2 mois,		
	4 Bariques café Martinique.		
	N.° 1. l. 502 Tare, l. 41		
	2. 496 43		
	3. 499 58		
	4. 505 41		
	Ort. l. 2003 l. 163		
	Tare, 163		
	Net, l. 1840, à 2 fr. 10 c.	3,864	»
	——————— *Du 4 idem.* ———————		
C. 1.	Vendu à Louis de cette ville, au comptant,		
	6 Bariques café Martinique.		
	N.° 5. l. 498 Tare, l. 40 N.° 8. l. 590 Tare, l. 42		
	6. 580 44 9. 560 40		
	7. 600 43 10. 588 47		
	l. 1678 l. 127 l. 1738 l. 129		
	1758 129		
	Ort. l. 3416 l. 256		
	Tare, 256		
	Net, l. 3160, à 2 fr. 10 c.	6,336	»
	——————— *Du 6 idem.* ———————		
	Vendu à Benoît de cette ville, payable		
C. 1.	1/2 comptant 2,830 50		
J. 1.	1/2 à deux mois. 2,830 50		
	10 Balles coton Géorgie.		
	N.° 1. l 210 N.° 6 l 201		
	2. 209 7. 192		
	3. 180 8. 200		
	4. 150 9. 199		
	5. 180 10. 181		
	929 973		
	973		
	Ort. l. 1902 } Net, l. 1826, à 310 fr.	5,660	60
	Tare, 4 p. °/₀ 76 }		
	——————— *Du 14 idem.* ———————		
	Vendu à Christophe de cette ville, contre son billet, au 14 mars,		
TR. 1.	10 Bariques café Guadeloupe.		
	N.° 1. l. 700 Tare, l. 82 N.° 6. l. 782 Tare, l. 78		
	2. 690 69 7. 693 74		
	3. 702 78 8. 704 75		
	4. 802 76 9. 700 75		
	5. 798 69 10. 704 76		
	l 3692 374 l. 3583 l. 578		
	3583 578		
	Ort. l. 7278 l. 752		
	Tare, 752		
	Net, l. 6526, à 2 fr. 40 c.	15,662	40
		31,523	»

LIVRE DE VENTE.

f.º 2

		fr.	c.
Montant d'autre part.		51,525	»

Du 15 Janvier.

Vendu à Auguste de cette ville, payable

C. 1.	1/2 comptant.	8,634	»
TR. 1.	1/2 contre ses billets, au 28 mars.	8,634	»

15 Bariques sucre en pain.

N.º 1. l. 650	Tare, l. 60		N.º 8. l. 602	Tare, l. 62
2. 680	65		9. 599	61
5. 620	59		10. 605	65
4. 590	68		11. 600	59
5. 604	80		12. 608	57
6. 700	69		13. 580	66
7. 598	70			
l. 4442	l. 471		l. 5594	l. 570
5594	570			

Ort. l. 8036   l. 841
Tare,   841

Net, l. 7195, à 2 fr. 40 c.   17,268   »

Du 15 idem.

J. 1. Expédié à Jean de Rouen, suivant ma facture jointe à ma lettre de ce jour.
Acheté pour son compte, valeur comptant,
10 Balles coton Géorgie.

N.º 1. l. 200		N.º 6. l. 188
2. 185		7. 192
5. 196		8. 220
4. 210		9. 216
5. 190		10. 224
l. 976		l. 1040
1040		

Ort. l. 2016   Net, l. 1935, à 300 fr. 5,805   »
Tare, 4 p. %. 81

FRAIS.

| Toile et emballage. . . . . 30 » | 59 02 | |
| Courtage, 1/2 p. %. . . . . 29 02 | | |

                                    5,864 02

Commission à 2 p. %. 117 28   5,981 50

Du 1.er Mars.

J. 2. Vendu par Jean de Rouen, pour mon compte, à six mois du 25 février,
suivant le compte qu'il me remet par sa lettre du 25 février,
10 Balles coton Louisiane.

N.º 1. l. 282		N.º 6. l. 298
2. 290		7. 509
5. 500		8. 501
4. 506		9. 502
5. 502		10. 500
l. 1480		l. 1510
1510		

Ort. l. 2990   Net, l. 2811, à 350 fr. 9,838 50
Tare, 6 p. %. 179

FRAIS A DÉDUIRE.

Courtage, 1/2 p. %. 49 18	
Voiture. . . . . 350 »	706 74
Frais divers. 110 80	
Commission à 2 p. %. 196 76	

                                   9,131 76   9,131 76

| | | 65,904 | 06 |

			f.	c.
	Montant ci-contre.		63,924	06
	Du 2 Mars.			
J. 5.	Reçu par Louis de Marseille, suivant sa lettre du 25 février, pour montant de 10 Balles coton Maragnon, dont la facture est portée au Livre d'achat (f.° 2), lesquels cotons il avait assuré pour . . . . et qui ont fait naufrage dans la traversée.		5,500	»
	Du 3 idem.			
C. 1.	Vendu à Biset de cette ville, au comptant, 1200 Bûches bois de Campêche. Net, l. 207 90, à 48 fr.		9,979	20
	Du 31 idem.			
A. 5.	Marchandises en nature, suivant l'inventaire.		79,585	26
	10 Balles coton Louisiane. Net, 2811, à 510 fr.	8,714 10	17,960	75
	10 Bariques sucre terré Martinique. Net, l. 6377, à 145 fr.	9,246 65		
			97,544	01

LIVRE DE TRAITES ET REMISES, OU LETTRES ET BILLETS A RECEVOIR.

Page gauche — DÉBIT

FOLIOS	N° d'entrée	N° de sortie	MONTANT				Du 1.er Janvier.	DÉBIT
J. 1.	1.	5.	4,000	»	15 mars,	Paris.	Apporté dans mon commerce	10,000 »
	2.	2.	6,000	»	15 février,	idem.		
							14 idem.	
V. 1.	3.	8.	15,662	40	14 mars,	c/v.	Reçu de Christophe, son billet, en payement de 10 Bariques café.	15,662 40
							15 idem.	
J. 1.	4.	1.	8,714	10	15 février,	Paris.	Ma traite sur Simon de Paris, ordre Grégoire.	8,714 10
							15 idem.	
J. 1.	5.	2.	5,600	»	15 mars,	idem.	Ma traite sur Bellet, à Paris, pour compte de Jean de Rouen, à 2 p. °/₀.	5,488 »
							15 idem.	
V. 2.	6.	9.	8,634	»	28 mars,	c/v.	Billet d'Auguste à m/o, reçu en payement de la 1/2 de 13 Bariques sucre.	8,634 »
							4 Février.	
J. 2.	7.	4.	5,000	»	28 février,	Hambourg.	Reçu de Jean de Rouen, m/c, par sa lettre du 1.er c.¹ à 185.	9,250 »
							5 idem.	
C. 1.	8.		15,300	»	5 mai,	c/v.	Promesse de François, prise à 2 p. °/₀.	15,000 »
							30 idem.	
C. 1.	9.	10.	4,000	»	30 mars,	Paris.	Pris de Baron, à 1 p. °/₀.	3,960 »
							2 Mars.	
J. 3.	10.	6.	5,600	»	30 c.¹,	idem.	Reçu de Louis de Marseille, par sa lettre du 26 février.	5,544 »
							14 idem.	
J. 3	11.		9,237	18	30 avril,	idem.	Reçu d'Abraham d'Amsterdam, par sa lettre du 8 c.¹, à 53 1/4.	9,237 18
							14 idem.	
C. 1.	12.	7.	4,000	»	30 c.¹,	Marseille.	Pris de Décol, à 2 p. °/₀.	3,920 »
							31 idem.	
PP. 1.			91,747	68			Profit que donne ce compte, à ce jour	95,409 68
								488 »
								95,897 68
							31 Mars.	
TR. 1.	8.		15,300	»	5 mai,	c/v.	En porte-feuille, à l'inventaire.	24,537 18
	11.		9,237	18	30 avril,	Paris.		

Avec ces Numéros d'entrée et de sortie, on voit de suite, à l'entrée, si un effet est sorti ou s'il ne l'est pas.

S'il ne l'est pas, il n'y a, vis-à-vis, que le Numéro d'entrée.

S'il l'est, on sait de suite où il est porté à la sortie.

Par exemple : On voit que le N.° 1 est sorti le 5.me
le N.° 2 — le 2.me
le N.° 3 — le 8.me

Page droite — CRÉDIT

FOLIOS	N° de sortie	N° d'entrée	MONTANT				Du 15 Janvier.	CRÉDIT
A. 2.	1.	4.	8,714	10	15 février,	Paris.	Remis à Grégoire, en payement de 10 B. coton.	8,714 10
							15 idem.	
J. 1.	2.	5.	5,600	»	15 mars,	idem.	Remis à Simon de Paris, par ma lettre de ce jour.	5,600 »
							2 Février.	
C. 1.	3.	1.	4,000	»	15 c.¹,	idem.	Négocié à Auguste, au pair, au comptant.	4,000 »
							4 idem.	
J. 2.	4.	7.	5,000	»	50 c.¹,	Hambourg.	Remis à Abraham d'Amsterdam, par ma lettre de ce jour, à 185.	9,250 »
							9 idem.	
J. 3.	5.	2.	6,000	»	15 février,	Paris.	Remis à Frédéric, c.ⁱᵉ à 1/2, au pair, par ma lettre de ce jour.	6,000 »
							2 Mars.	
J. 3.	6.	10.	5,600	»	30 mars,	idem.	Remis à Simon de Paris, par ma lettre de ce jour.	5,600 »
							14 idem.	
J. 3.	7.	12.	4,000	»	30 c.¹,	Marseille.	Remis à Frédéric, c.ⁱᵉ à 1/2, à 2 p. °/₀, par ma lettre de ce jour.	5,920 »
							14 idem.	
C. 1.	8.	3.	15,662	40	14 mars,	c/v.	Encaisse.	15,662 40
							20 idem.	
A. 3.	9.	6.	8,634	»	28 mars,	c/v.	Remis à Barnabé, à compte sur 10 Bariques sucre.	8,634 »
							20 idem.	
C. 1.	10.	9.	4,000	»	30 mars,	Paris.	Négocié à Biot, à 1 p. °/₀, au comptant.	3,980 »
							31 idem.	
TR. 1.		8.	15,300	»	5 mai,	c/v.	En porte-feuille à ce jour.	74,360 50
		11.	9,237	18	30 avril,	Paris.		24,537 18
			91,747	68				95,897 18

Pour s'assurer de la manière la plus positive que tous les effets entrés sont sortis (à l'exception de ceux restant en porte-feuille), on fait en un transport, de page en page, l'addition de la première colonne où l'on met toujours les effets, valeur nominale, qu'ils soient en monnaie étrangère ou du pays. On fait cette addition comme si c'était des francs, des centimes et des millièmes, et par ce moyen, lors de la sortie totale des effets entrés, les colonnes d'entrée et de sortie doivent balancer.

Je n'ai mis, sur ce Livre, que le résumé des effets.

Cependant, ceux qui voudraient les copier en entier, pourraient se servir de ce modèle de Livre, ou bien, indépendamment de celui-ci, en avoir un autre, pour y copier les effets purement et simplement. Je préférerais ce dernier parti.

LIVRE DE CAISSE.

FOLIOS de rapport des Journaux courreux.			RECETTES.
	——— *Du 1.er Janvier.* ———		fr. c.
J.	1.	J'ai mis dans mon commerce, à compte de mon capital.	10,000 »
	——— *Du 4 idem.* ———		
V.	1.	Reçu de Louis, pour vente au comptant, de 4 Bariques café.	6,336 »
	——— *Du 6 idem.* ———		
V.	1.	Reçu de Benoît, pour la demie à la vente de 10 Balles coton.	2,850 50
	——— *Du 15 idem.* ———		
V.	2.	Reçu d'Auguste, pour la demie à la vente de 15 Bariques sucre.	8,634 »
	——— *Du 2 Février.* ———		
TR.	1.	Reçu d'Auguste, pour négociation de N.º 1. f. 4,000, au 15 mars sur Paris, au pair.	4,000 »
	——— *Du 6 idem.* ———		
J.	2.	Reçu pour une remise sur c/v. , de Fréderic, compte à 1/2 en banque.	6,000 »
	——— *Du 1.er Mars.* ———		
J.	2.	Reçu de Charles, pour vente de l'action sur le Brave.	2,400 »
	——— *Du 2 idem.* ———		
J.	3.	Reçu de Charles, pour solde.	5,864 »
	——— *Du 3 idem.* ———		
J.	3.	Reçu de Michel, contre ma promesse à 6 mois, de . . . . f. 10,300 }	
PP.	1.	Déduire agio à 5 p. º/. . . . . 500 }	10,000 »
	——— *Du 3 idem.* ———		
V.	5.	Reçu de Biset, pour vente de 1200 Bûches bois Campêche.	9,979 20
	——— *Du 6 idem.* ———		
J.	5.	Reçu de Benoît de cette ville, pour solde.	2,850 »
	——— *Du 14 idem.* ———		
J.	4.	Reçu pour une remise sur c/v. , de Fréderic, compte à 1/2 en banque.	4,000 »
	——— *Du 14 idem.* ———		
TR.	1.	Reçu pour N.º 5. f. 15,662 40 , sur c/v.	15,662 40
	——— *Du 21 idem.* ———		
TR.	1.	Reçu de Biot, pour négociation de N.º 10. f. 4,000, au 50 courant sur Paris, à 1/2 p. º/o.	5,980 »
			90,515 90
			90,515 90
	——— *Du 31 Mars.* ———		
C.	1.	En caisse à l'inventaire	11,853 97

FOLIOS de rapport des Journaux entr'eux.			PAYEMENS.	
			fr.	c.
————————	Du 6 Janvier.	————————		
A. 1.	Payé à Jacques, pour achat au comptant, de 7 Bariques sucre		8,576	»
————————	Du 14 idem.	————————		
A. 2.	Payé à Joseph, pour la demie à l'achat de 10 Bariques café.		7,178	60
————————	Du 15 idem.	————————		
A. 2.	Payé à Paul, pour achat de 10 Balles coton.		5,805	»
————————	Du 5 Février.	————————		
TR. 1.	Payé à François, contre sa promesse à trois mois, de 15,500 fr.		15,000	»
————————	Du 6 idem.	————————		
J. 2.	Payé à Baron, pour une action sur le corsaire le Brave.		2,000	»
————————	Du 30 idem.	————————		
TR. 1.	Payé à Baron, pour N.° 9. f. 4,000, au 50 mars, sur Paris, à 1 p. °/₀.		3,960	»
————————	Du 30 idem.	————————		
A. 3.	Payé pour des lettres de voiture et frais de porte-faix.		100	»
————————	Du 1.er Mars.	————————		
J. 2.	Payé traite de Claude de Bordeaux, pour son compte 5,000			
J. 2.	Autre . . . . pour mon compte. 4,000		9,000	»
————————	Du 3 idem.	————————		
J. 5.	Payé pour mon billet, ordre Pierre, au 10 mars, de 7,092			
PP. 1.	Escompte à 1 p. °/₀ 70 92		7,021	08
————————	Du 6 idem.	————————		
J. 5.	Payé à Paul de cette ville, pour solde		5,470	»
————————	Du 14 idem.	————————		
J. 5.	Payé pour acquit de mon billet, ordre Joseph.		7,178	60
————————	Du 14 idem.	————————		
TR. 1.	Payé à Deroi, pour N.° 12. f. 4,000, au 50 courant, sur Marseille, à 2 p. °/₀.		3,920	»
————————	Du 20 idem.	————————		
A. 5.	Payé à Barnabé, pour solde de 10 Bariques sucre		612	65
————————	Du 30 idem.	————————		
A. 3.	{ Payé à André, pour courtage. 200			
	pour lettres de voiture de 1200 Bûches Campêche. 1,040			
	pour loyer de maison. 600		3,040	»
PP. 1.	pour appointement de commis 600			
	pris pour mes dépenses. 600			
————————	Du 31 idem.	————————		
C. 1.	En caisse à ce jour.		78,661	95
			11,855	97
			90,515	90

LIVRE DES PROFITS

FOLIOS des articles des Journaux.		PERTES.	
	Du 15 Janvier.	fr.	c.
C. 1.	Loyer de maison 600		
	Appointemens de commis. 600		
	Pris pour mes dépenses 600	1,800	»
	Du 1.er Mars.		
J. 2.	Perte à la traite de 5,400 fr., fournie par Louis de Marseille, pour m/c sur Simon de Paris,		
	à 2 p. °/₀	108	»
	Du 3 idem.		
J. 2.	Perte à une traite de Claude de Bordeaux sur moi, de 4,000 fr., à 1 p. °/₀.	40	»
	Du 6 idem.		
J. 5.	Agio à ma promesse, ordre Michel, de 10,000 fr., à 6 mois.	500	»
	Du 30 idem.		
J. 5.	Rabais fait par Benoît	»	50
	Du 20 idem.		
J. 4.	Agio et provision au crédit du compte de Simon de Paris.	155	55
	Du 20 idem.		
J. 4.	Balance du compte d'Abraham, pour solde de ma colonne.	12	80
	Du 20 idem.		
J. 4.	Balance des intérêts de ma colonne, au compte à 1/2 en banque avec Frédéric.	13	72
	Du 31 idem.	2,470	19
J. 5.	Profit net à l'inventaire.	11,558	14
		13,048	33

FOLIOS de report des feuilles suivies.		PROFITS.	
	Du 1.er Mars.	fr.	c.
J. 2.	Profit à la vente de l'action sur le Brave.	400	»
	Du 3 idem.		
C. 1.	Escompte à mon billet, ordre Pierre, au 10 mars, de 7,092, à 1 p. °/₀.	70	92
	Du 3 idem.		
J. 3.	Profit sur bois, en compte à 1/2 avec Claude de Bordeaux	250	80
	Du 6 idem.		
J. 3.	Rabais fait à Paul.	8	»
	Du 20 idem.		
J. 4.	Profit au compte à 1/2 en banque, avec Frédéric de Paris.	49	92
	Du 31 idem.		
A. 5.	Profit que donne le compte de marchandises générales à ce jour	779	68
TR. 1.	Idem . . . . le compte de traites et remises.	11,589	68
		488	»
		13,048	33

SUPPLÉMENT.

La lecture de ce Traité convaincra sans doute, que je suis loin d'avoir exagéré les avantages de ma Méthode. J'espère, au contraire, qu'on y en découvrira plusieurs que je n'ai pas annoncés, sur-tout pour la diminution des écritures relatives aux lettres de change, soit traites ou remises.

Je n'ai fait précéder les divers articles, dans les Livres auxiliaires, d'aucun préambule. Je n'ai mis que la simple exposition du fait. Cependant, il ne serait point mal de mettre en tête de chaque article, au débit *à un tel*, au crédit *par un tel;* cela aurait l'avantage d'indiquer plus clairement à celui qui extrairait les écritures des Livres auxiliaires, pour les porter au Journal général, les comptes auxquels elles appartiennent.

Si l'on voulait porter au Journal général les recettes et les dépenses du Livre de Caisse, plus souvent qu'à l'époque des inventaires, on le pourrait, sans inconvénient, tous les mois et même plus souvent, parce que ce compte ne donne ni perte ni profit.

J'ai dit à la deuxième partie, que ceux qui voudraient subdiviser le compte de profits et pertes, comme en agios, provisions, frais généraux, etc. pourraient établir divers livres à cet égard.

Voici une manière plus simple qui me semble préférable, c'est de former au débit et au crédit du Livre de Profits et Pertes, autant de colonnes que de subdivisions de ce compte, pour y porter, à fur et mesure, les sommes qui les concernent, mais toujours indépendamment à la colonne des totaux. La simple addition de ces colonnes fera connaître les profits ou les pertes de chacune, et celle des totaux, le résultat général.